発達障がいの子がいるから素晴らしいクラスができる!

トラブルをドラマに変えてゆく教師の仕事術

学芸を未来に伝える
学芸みらい社
GAKUGEI MIRAISHA

まえがき

かつて参加したセミナーで、向山洋一氏から次のような問いが出された。

「教科書の23ページを出して3番の問題を解きなさい」というと、発達障がいの子が「え、先生どこやるの？」と聞き返してきた。このように発達障がいの子が言うのはなぜか。

これは、ワーキングメモリの問題である。

人は何か作業する時に、一時的に脳内に記憶を保持している。その機能がワーキングメモリである。例えば、電話番号を聞いてその番号にかけるためには、一時的にその番号を覚えていないといけない。発達障がいの子はこのワーキングメモリの機能が弱いのである。

先ほどの事例では、「教科書の23ページを～」という指示は長すぎるため、発達障がいの子はわからないのだ。「教科書を出す」「23ページを開く」「3番の問題をする」という3つのワーキングメモリを必要とする。だから、聞き返すのだ。

今では、常識のようになっているこの事例に、当時の私は全く答えられなかった。

そして、これは教師の指示が悪いのだということを知って愕然《がくぜん》とした。

なぜなら、それまでの私は、こう聞き返す子に対してきつく叱っていたからだ。

「さっき言っただろ。ちゃんときいてないからわからないんだ」と怒鳴ったこともある。

向山氏の言葉はさらに続いた。

「そのように叱っていると、反抗挑戦性障がいという二次障がいを引き起こします」

私は愕然とした。あの子も、あの子も、あの子にも叱っていたと、次々と担任した子の顔が浮かんでくる。直さなくてはいけなかったのは、子どもではなく、私自身だったのだ。

それから数年後に、ある一人の男の子に出会う。その子との出会いが、私の教師人生を大きく変えていくことになる。

担任する前の年、その子は荒れていた。気に入らないことがあると教室を抜けだし、毎日のようにトラブルを起こしていた。学校中が対策を練ったが、これといった効果的な方法は見つからなかった。

そして、次の年、その子を私が担任することになった。

その子を担任するにあたり、私は自分の指導に全く自信がもてなかった。わらにもすがる思いで、いろいろな人に聞いてまわった、しかし、具体的な方針は何も手に入らなかった。

当時、発達障がいに関する一般向けの本はほとんどなかった。インターネットにも有益な情報はなかった。英語のHPも探したが、英語に堪能ではない私にはほとんど理解できなかった。

頼りになったのは、向山氏の言葉とTOSSの指導法だけだった。何度も向山氏の講演に足を運んだ。東京、仙台、大阪、長崎。毎週のように向山氏の話を聞いた。「授業の腕を上げる法則」とADHD研究の権威であるバークレー博士の指導の原則はほとんど同じという話を聞いて、やはりこれしかないと覚悟ができた。

その年、私は自分の全てを変える覚悟でその子に向かった。言い訳を一切しない。その子ができないのは、教師である私自身のせいだ。そう思って取り組んだ。

その子は、本当に私の指導のまずさを教えてくれた。その子が取り組めなくなる時は、決まって私の話が長くなった時だった。また、自己流で進めようとした時もそうだった。逆に、向山氏の追試を忠実に行った時には、驚くほどその子が熱中した。

次第に、その子のつり上がっていた目は、やさしい子どもらしい表情に変わっていった。そして、もち前のユーモアで、クラスの人気者になっていった。教育で子どもはこんなにも変化するのだ。

変わるべきだったのはその子ではなく、教師自身だったのだ。そこから私の指導は大きく変わった。

それから、私は毎年校長先生にお願いして、学校で一番指導が大変だという発達障がいの子を担任させてもらうようになった。そして、その取り組みは10年を超えた。

10年を超える間に、ＡＤＨＤ（注意欠如・多動症）、ＬＤ（限局性学習症）、ＡＳＤ（自閉スペクトラム症）、反抗挑戦性障がいといったあらゆるタイプの子を担任させてもらう機会を得た。そして、それぞれの特性の子に対するアプローチを探ってきた。

研究テーマは、自然と「通常学級の中でどのようにその子を伸ばすか」ということになった。また同時に、「発達障がいの子だけでなく、周りの子をどう指導していくのか」ということも研究テーマとなった。

本書は、その10年を超える研究の成果をまとめたものである。全て、私が自分の教室で実践した効果のあった方法である。教室での事実を掲載するため、名前は全て仮名になっている。また、年度や学年も多少変化させていただいているところもある。ご了承いただきたい。

本書が、困っている子やその保護者、教師にとって少しでも役立つ一冊になれば幸いである。

小野隆行

目次

まえがき 3

第1章 発達障がいの子がいるから素晴らしいクラスができる! 11
①私の意識を変えたあの子——学級開きで見せた「挑戦する姿」がクラスを変えた 12
②教室はドラマの連続——トラブルこそ最大の学びの場になる 20
③障がいで困っている子へのメッセージ 23
④一番変わったのは教師自身だった——力の加減ができない子との出会い 26

第2章 発達障がいの子も生きる学級システム【学級経営】 31
①私の基本方針「失敗した時にやり直す」価値を示す 32
②発達障がいの子が安定する朝の会・帰りの会のメニュー 37
③当番活動は一人一役だから安定する 40
④掃除をさぼる子がいなくなるシステムと教師の対応 44
⑤子ども同士の「行き違い」は教師が整理する 47
⑥忘れ物があるから指導できる——「メモの仕方」「借りる時のマナー」 51

⑦学級通信で保護者も味方につける 54
⑧子どもを伸ばすために保護者と取り組む「一つの良いことを次につなげる」作戦 57

第3章 1mmの変化を見逃さない 子どもが変わった瞬間をとらえる 61

①すぐに反抗「どうせできん！」が口癖の子どもが、意欲をもったその時 62
②「算数したら死ぬ！」と言った子を、算数好きに変える 65
③ほめることは格闘技――ほめることを受け入れない子を変える「受容」と「趣意説明」 68
④負けを受け入れない子――負けてもキレなくなる最初の一歩をとらえる 72
⑤「積極的に休ませる」方法で、うつの不登校の子が変化した 76

第4章 発達障がいの子がいるクラスで授業を成立させる【授業成立の条件】 85

①4月に何を教えるか――最初に行う集団への指導 86
②授業安定の秘訣は個別に対応しなくても良い状態を創ること 88
③子どもは動かすことで安定する 93
④発達障がいの子役から見た「良い授業と悪い授業」 94
⑤失敗や間違いがほめられる授業を仕組む 100
⑥授業開始の30秒で子どもが安定するかどうかは決まる 107

第5章 LD・学力が低い子に学力を保障する【学力保障】

LD・学力が低い子に学力を保障する【学力保障】 113
①「視写力調査」でわかった！　学力は視写力に比例する 114
②音読では「覚えたから見ないで言う」という子を許してはいけない 118
③漢字が書けない子への方策――書く量を減らして、ポイントを指導する 125
④できる子との学力差を埋める――一斉授業で使う教師のちょっとしたワザ 132
⑤お手本を徹底的に活用する――成功した状態を体感して初めて努力の方向性がわかる 136
⑥算数が苦手な子を教材・教具の力で救う 139

第6章 発達障がいの子のアドバルーンに対応する【アドバルーン対応】

発達障がいの子のアドバルーンに対応する【アドバルーン対応】 147
①授業で出し抜けにしゃべる子に対応する5つの方策 148
②「面倒くさい」というマイナス発言を授業に生かす 154
③マイナス発言には、「じゃあこうする？」と別の選択肢を示して楽しく対応する 157
④マイナス行動は、叱るのではなく「なぜいけないのか？」を考えさせる 161
⑤しつこいアドバルーンこそ、たんたんと対応する 164
⑥こだわりは「やりたい」気持ちを消化させる 168
⑦キレた後、活動に戻すにはタイミングがある 173

第7章 特別支援に必要な規律とユーモア【統率力と抜きどころ】 179

①指示をしたら必ず確認をする 180
②詰めすぎないが、詰めるところは徹底する 181
③集団の中では見逃さないが、個別対応の時には見逃す 184
④注意ではなく、体感させれば理解できる 188
⑤「もし、あの時やめていなかったら……」を想像させる 193
⑥ユーモアのあるやりとりで、クラスの雰囲気を和らげる 196

第8章 トラブルを乗り越えるとっておきの対応【トラブル指導】 201

①喧嘩両成敗――喧嘩はたった5分で解決する 202
②その子のこだわりを解消すれば、トラブルは解決する 207
③トラブルがこじれる――やってはいけないNG指導 209
④教師は子どもの鏡――トラブル指導のその後が大切 213
⑤トラブル指導の考え方 219

あとがき 227

第1章

発達障がいの子がいるから素晴らしいクラスができる！

①私の意識を変えたあの子——学級開きで見せた「挑戦する姿」がクラスを変えた

もうダメだと、学校中がさじを投げた南君を救ったのは、「経験」でも「共通理解」でも「教師の思い」でもなかった。

効果があったのは、TOSSの指導法だけだった。

1　家庭訪問での信じられない言葉

五年生の新しい担任になった私は、家庭訪問で、信じられない言葉を聞いた。

お宅のお子さんはどうしようもない。長い教師生活の中で、こんな子は初めてです。

昨年の担任にそう言われたと、母親は泣きながら話してくれた。

その教師の言うことを南君は、全く聞かなかった。

クラスは荒れ、子どもたちはみなきつい目をしていた。

2　南君は、ADHD

四年までの南君は、凄まじかった。

教室をいつも抜け出す。教師の言うことを聞かない。一度機嫌が悪くなると、どうしようもない。

担任はもちろん、教務や教頭が入ってもダメ。全く言うことを聞かない。

南君の対策のための話し合いは毎日のように行われた。しかし、具体的な方策は何も決まらなかった。「愛情が足りないのよ」「もっと厳しくしたらどう？」いつも感想だけが飛び交う。

唯一決まったのは、抜け出したらどうするかという応援体制のみだった。

もうどうしようもないということで、児童相談所へ。診断はＡＤＨＤ（注意欠如・多動症）。そして、「反抗挑戦性障がい」という二次障がいを引き起こしていることもわかった。

すぐに、薬の服用が始まった。それでも事態は解決しなかった。

３　手さぐりのＡＤＨＤ対策

私はＡＤＨＤについて、とにかく片っ端から調べていった。

本、インターネット、ＡＤＨＤと名のつくものはすべて見ていった。

しかし、参考になりそうなものは皆無に等しい。障がいの症状についてはわかるが、普通教室や集団の中で、どのように指導すればいいのか。そんなことは、どこにも書いていない。誰に聞いてもわからない。何を読んでもわからない。

結局、頼りになったのはＴＯＳＳだけだった。

幸い、向山先生の講演の中で、ＡＤＨＤの話を何度も聞いていた。


「ワーキングメモリが一つしかない」「一時に一事の原則」「能力がある」「反抗挑戦性障がい」

全てが南君に当てはまっていた。

東京や大阪、仙台まで出かけていって、専門のドクターからも学んだ。

その中で、一番衝撃だったのは、忘れ物指導だった。

黙って貸すのが一番いい。明日持ってこれる？　と聞くのは最低だ。

「何なのだこれは」と、衝撃を受けた。忘れものをした子を今までどれだけ叱ってきたかと、自分を責めた。

今まで自分がやってきた指導に大きな変革を迫られた。

我流を排し、良いと言われたものを素直にその通りにやってみる。そのことを常に意識した。

ワーキングメモリの機能が弱い。だから、指示を出す時は「一時に一事」でなくてはならない。長い説明は、効果がない。

やってみると、確かにその通りだった。少しでもこちらの指示や説明がくどくどしたものになると、南君は机に突っ伏した。

逆に、言葉を削って、端的な指示を小刻みに出していくと、南

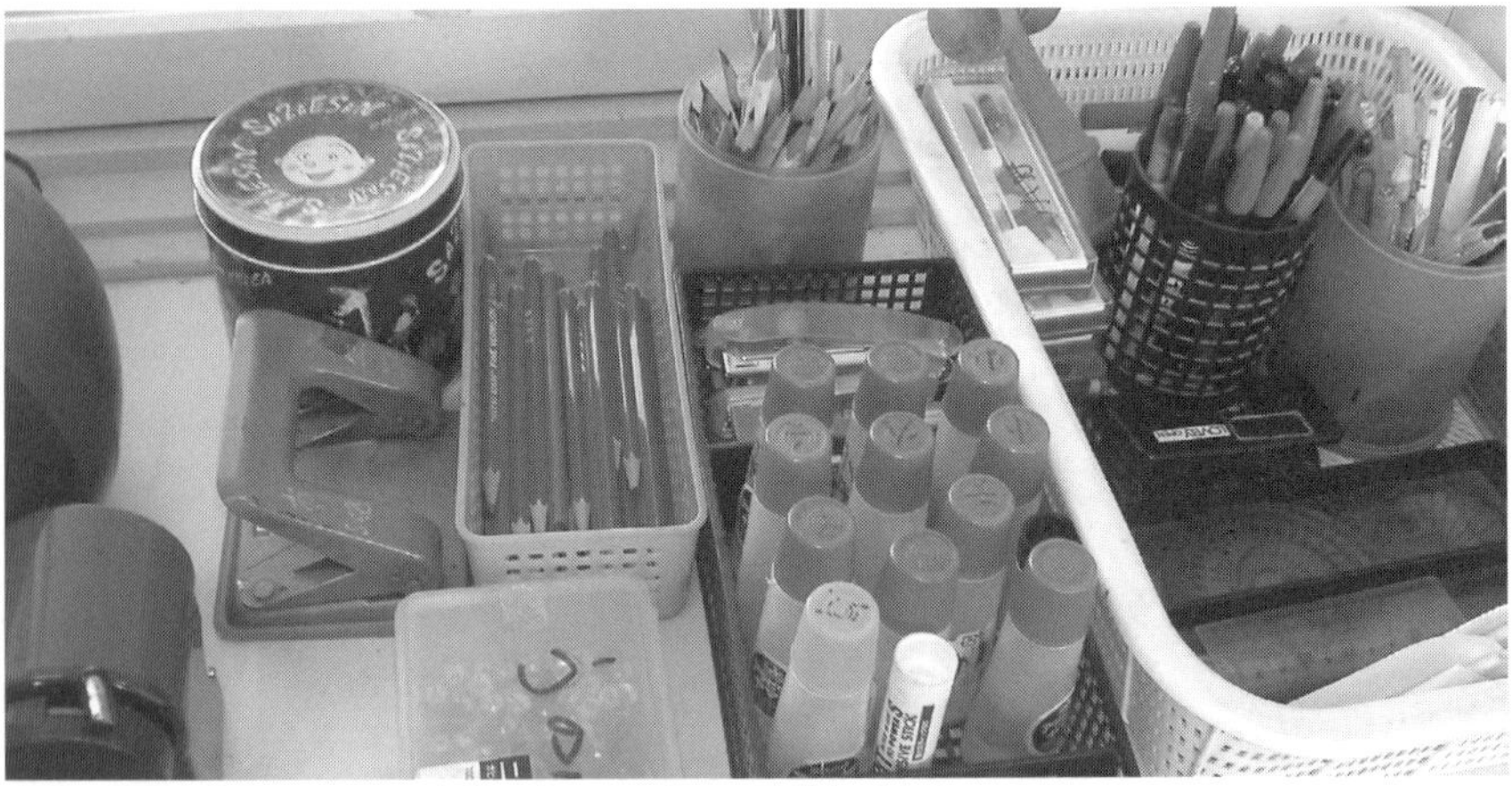

学習に必要な文具は、いつでも貸し出せるように、準備しておく

君は驚くほど集中した。

まず変わるべきなのは、子どもではなくて私だったのだ。

私の授業が変われば、南君も変わる。そう確信をもってから、私は自分の指導の全てを総点検した。

授業をビデオに撮って見てみると、自分の話す言葉の長さにうんざりした。また、いらない言葉がとても多いことにも気づいた。

その年、私は自分の発問・指示の出し方の修業を始めた。

算数の授業の準備として、教師が発する「発問」「指示」をノートに全て書き出し、声に出して練習した。いらない言葉を赤で削ってみると、ノートが真っ赤っかになった。さらに、声に出してみて、青でさらに削っていった。

最初は、「それでは」とか「さんハイ」とか、「わかった人？」などが削れていく。最後の方には、「てにをは」まで削っていった。

そうして残った言葉は、最初に書いたものから5分の1ほどになった。それだけ、自分の授業はいらない言葉だらけだったのだ。

言葉を削り出すと、教室の中にピンと張り詰めた心地良い空気が流れるようになった。授業にリズムが出てくるのがわかった。

私がそう感じた時は、南君も自分から手をあげるほど集中して取り組んだ。

しかし、時間がないからとちょっと手を抜いた日は、散々だった。

自分の授業のまずさを南君が教えてくれていたのだ。

今、振り返ってみれば、言葉を削ることの重要性ははっきりと理解できる。

教師が話す言葉は全て「音声情報」であるから、長く話せば話すほど、子どもが脳内で処理しなくてはいけない情報が増えることになるからだ。

しかし、当時はそんなことは全くわからなかった。ただただ、南君が取り組んだかどうかが、自分の指導の善しあしの明確な判断基準だった。

不思議なもので、南君が授業に取り組む時は、他の子も驚くほど授業に集中していた。

よく、「発達障がいの子に合わせるのか？　他の子に合わせるのか？」という二者択一の意見を話す人がいる。しかし、それは全くの不毛な意見だということをこの時、腹の底からの実感としてつかんだ。

4　向山型指導法が、南君を激変させた

南君との最初の出会いには、本当に神経を使った。

5年生新学期前の春休みには、何度も南君が夢に出てきた。もちろん良い夢ではない。目の前で南君の目がつり上がっているのだ。毎日びっしょりと汗をかいて目が覚めた。

新学期が始まる前に、前年度南君とかかわった先生たちに、いろいろと聞いてまわった。

いったん怒り出すと、もう何を言っても話が聞けない。怒鳴ると余計に荒れる。

勉強がわからないと思うともう取り組まない。

ノートはほとんどとらない。算数ノートは、1年間でたった4ページしか書かれていない。

このように聞いていくうちに、光明が見えてきた。


最初から全く何もやらないのではないことがわかった。

つまり、指導が可能だということ。

算数ノートを見てみると、最初のページは細かい字でびっしりと書いている。そして、2ページ目で間違えたところからだんだんと字が乱れ、その後はぐちゃぐちゃになっていっている。そして、4ページ目には、落書きとやぶいた跡があった。

ノートを見ていて、胸が痛くなった。

この子は「やりたくない」のではない。「やりたいのにできない」のだ。だから荒れているのだ。

私は、何が何でも成功体験を積ませようと考えた。しかも、自分ができないと自信を失っている学習で成功体験を積ませようと考えた。

そうして、四月の最初に取り組んだのが、「向山型暗唱指導法」だった。

教科書の詩を黒板に書き、少しずつ消しながら暗唱させていく。

一番のっていたのが南君だった。

「すごい、いい声だ」とほめると、にこっと笑い、うれしそうな表情をしている。

黒板に書いてある詩を少しずつ下から消していきながら、何度も読ませていく。

黒板の字が少なくなっていくにしたがって、全員の声が大きくなっていく。

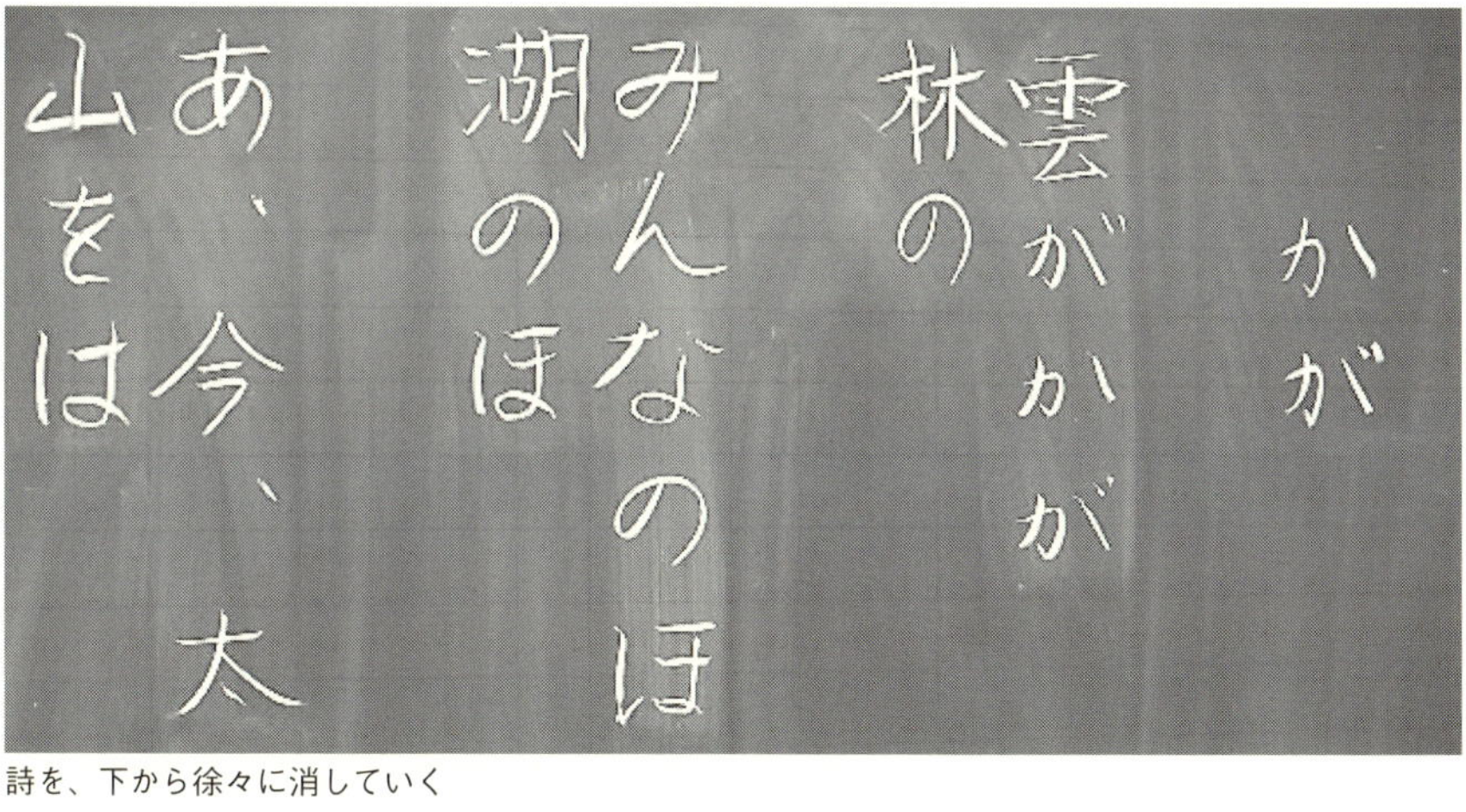

詩を、下から徐々に消していく

そういう楽しい雰囲気、興奮した雰囲気に南君は真っ先にのってきたのだ。

そこで、すかさずほめる。「南君の声大きくてとってもいい」これで、ますますやる気になる。ここでほめるのも計算通り。さらにもう一歩つめた。

最後に、全員の前で1人で暗唱させる時間を設けた。暗唱テストである。

テストは、厳しいが上にも厳しく審査する。一字一句間違えてもダメ。ほんのちょっと詰まってもダメ。

最初にそのことを告げると、なかなか立候補は出ない。

その時に、真っ先に挑戦したのが南君だった。クラスで最初に挑戦したのである。そのことをうんとほめた。

テストでは失敗したが、それで怒らなかったこともほめた。

さらに、授業の最後に、もう一度南君の立候補を取り上げた。


このクラスで一番に挑戦したのは南君です。南君が立候補したからこそ、他のみんなもやってみようという勇気がわいたのです。南君のように、何でも挑戦しようとする人は伸びていきます。


照れながら喜んでいる南君は、本当にかわいらしく思えた。去年までの目がつり上がった表情とは別人だった。

このように、「やってよかった」「がんばれば認めてもらえる」という気持ちをもたせることで、南君もやる気をもつようになっていく。そして、そのことが、クラスの雰囲気をも変えていくのである。

次に行ったのは、囲から漢字を探す向山洋一氏の実践。

これにも最後まで集中して取り組み、家でもやってきた。探した数はクラスで二位。学級通信でとりあげてほめた。南君は、それを何度も読み返していた。

続いて、「五色百人一首」。南君は見事に名人となり、ガッツポーズを繰り返した。

題名の横に〇を10個書き、1回読むごとに〇を赤でぬっていく方法をとった。A君は、音読練習では、教科書の詩を20回も30回も読んできた。それをみんなの前で、何回も何回もほめた。そのたびに、顔をくしゃくしゃにして喜んでいた。

このように、向山実践をシャワーのように浴びせ続けた。

ほめる機会も増え、南君の表情は柔らかくなっていった。

一つできるようになると、他のこともどんどんできるようになる。

漢字テストでは、百点を連発。計算スキルをしますというと、「やった!」と歓声をあげる。

酒井式で描いた風景画は、「最高傑作だ」と喜んでいた。

社会科の写真の読み取りでは、10も20も意見を書く。

「ペーパーチャレラン」では、全国八位にランクイン。一日中、自分の名前が載ったコピーを抱きしめて喜んでいた。

こうして南君は自信をもち、驚くほど安定していった。

そして、持ち前のユーモアと積極性でクラスの人気者になった。クラスの学級委員まで務めた。

何にでもとにかく挑戦してみたいという彼の姿勢は、だんだんと周りにも波及していく。周りの子もどんどん積極的になっていった。

南君の変化は、子どもの目から見てもはっきりとわかった。

今まであんなに暴れていた南君が一番に立候補し、失敗してもあきらめずに挑戦するのだ。南君の変化が、クラスを大きく変化させた。

②教室はドラマの連続──トラブルこそ最大の学びの場になる

1　休み時間にキレる

休み時間のドッジボールで、反抗挑戦性障がいの青山君がキレた。青山君は、気にいらないことがあるとすぐに暴言や暴力が出る。この時もそうだった。

相手の子が高いボールを投げて、それが水たまりに入ってしまった。それが気に入らなくて、その子に暴力をふるったという。周りの子が止めたが、やられた子は手も出さずにがまんしていたようだ。

青山君は、授業が始まっても帰ってこない。保健室に行ったという。

その間に相手の子に話をきいた。やさしく体をなでながら、「大丈夫か。よくがまんしたね。後で話をしような」と言って席につかせた。

しばらくして青山君が教室に帰ってきた。教室のドアをバタンと大きな音がするようにあけた。

ここで、私の頭には次の三つの対応が浮かんだ。青山君にどう対応するかを考えてみていただきたい。

A　ドアのあけ方について青山君を叱る。
B　青山君を呼んで話を聞く。
C　そこでは話を聞かずに授業を進める。

もっともよくない対応は「A」だ。

反抗状態では、何を言っても正しい行為は入らない。特に叱られて怒りが増殖すると、全ての刺激が怒りに変わっていく。これは0点の対応である。

Bはどうだろうか？　これは50点である

興奮状態では、どんな聞き方をしてもイライラが大きくなっていくだけである。まず、しなければいけないのは、クールダウンだ。

話をする目的は、叱ることや罰を与えることではない。

目的は、反省して相手に謝る気持ちにさせること。

興奮状態の反抗の子に話をし、このような気持ちにさせる手だてを私は知らない。できたとしても1時間はかかるだろう。

私はCを選択した。しかし、そのまま放っておくのもよくない。少しだけ構うようにした。

「怒っても変わらないから、切り替えような」

やさしく穏やかな声で言った。青山君は、「うぜえなあ」と言いながらも席についた。

その中で、ニコニコしながら授業を進めていく。

最初は、そっぽを向いていたが、今度は、机につっぷした。変化が見てとれる。

しばらくすると、ちらちらと周りを見始めた。

その段階になって、教科書を忘れていた青山君に近づいた。「教科書ここにおいとくな」と、そっと机の端に置くと、青山君はそれを手に取った。

2　青山君のイライラがとれていくのを観察する

教科書の内容を左ページに書き、後でそれを見ながらテストを行うという学習を行った。

青山君はノートは開かない。それでも放っておく。

しかし、教科書のページは見ている。また、後ろの子の書いているノートは見ている。

その状態の中、テストを行う時間になった。右ページに問題番号を10番まで書かせた。

この段階で、青山君はノートを開いた。怒りが解けてきているのがわかる。

しかし、まだ反抗しているポーズをとっている。わざと膝の上で書く。それも放っておく。

青山君は教科書の内容をノートに書いていないので、書けない問題があった。そこで、一人で解かせた後、班で相談する時間をとった。

青山君も相談してノートがうまったようだった。これで、さらに機嫌が戻ってきた。

このような一つ一つの行為から、今どのくらい怒りが残っているのかを把握していく。

3　謝らせるのはいつか？

ここで、呼んで話を聞くのはまだ早い。完全に気持ちの切り替えができていない。急ぎすぎると、また元に戻ってしまう。反抗の子の怒りは、そんなに簡単には消えやしないのだ。

次の国語の時間は、クラスの友達に取材をする勉強だった。これは、はりきって取り組んでいた。

しっかり活動させ満足させた。もう大丈夫だ。

勝負は、給食の時間。みんなが準備をしている時に青山君を呼んだ。

私は、次のように話した。

ああ、そういえば、さっきは何で怒ってたの？

まるで、今、思い出したかのように聞いたのである。もちろん穏やかにである。

青山君は、「ドッジボールをしていて、カチンときてしもうた」と素直に話した。

すぐに、「そうか、カチンときたか。それは腹がたつよなあ」と同意した。

そして、トーンを変えて、「そのこと謝ろうか？」とやさしく聞いた。

青山君はうんと頷き、反省した表情でちゃんと謝ることができた。

相手の子には、後で次のように話した。

「これからも反省していたら許してあげてね」

頷いたその子に「ありがとう」と言うと、ニッコリと笑っていた。

反抗する子は、このようなトラブルをよく起こすものである。謝らせるのは、怒りが収まってからである。

決して、教師の感情で動いてはいけない。

トラブルを解決できたというその事実が、その子の学びになり自信になっていくのである。

③障がいで困っている子へのメッセージ

1　困っている人たちへ

かつて、トラブルを繰り返すＡＤＨＤの子を担任した。

彼は、その後、医療や学校、家庭のサポートでずいぶんと落ち着いて生活できるようになった。

そして、勉強にも自信をもち、立派に小学校を卒業していった。

大きくなった小林君に、当時を振り返り、今苦しんでいる子にメッセージを書いてもらった。

それが、次の手紙である。


今、病気で悩んでるかもしれないけど、今はがまんして治すしかないよ。辛いと思う。本当に辛いと思うよ。けど今、治さなかったらいつまでたっても治らない。

僕が病気と向き合うきっかけは小野先生との出会いと、自分で「治そう」って覚悟を決めたからなんだよ。

だからイライラした時もがまんしてたし、ホントは何回も家で泣いてたりもしてた。

だけどそれを乗り越えたら本当に毎日が楽しくて、最高だよ!

それまでは辛いけど、必ず道はあるから!

不安になっても助けてくれる人は大勢いるから。

後は、薬は必ず飲む。イライラした時はまず頭の中で、何をどーしたらこーなるって感じで想像するといいよ。

想像する事は大事だよ。

それでも本当に辛い時は恥ずかしがらずに相談する。

相談する事は恥ずかしい事じゃない。

聞くは一瞬の恥。聞かぬは一生の恥。

自分のペースで、決して焦ってはいけないよ。

だから自分に自信を持って、自分を信じる事が大切なんだ。

これがあなた達のタメになるかはわからないけど、本当に頑張ってほしいって僕は思うよ。

私は涙が止まらなかった。

そして、この手紙を内緒で彼のお母さんにメールで送った。

2　体の芯が痛くなるほど泣きました

お母さんから、しばらくして返信が返ってきた。


泣けました。

本当に泣けました。

私たち家族と小野先生のメッセージが我が子に伝わっていたんだと思うと、体の芯が痛くなるほど涙が出ました。

これで安心しました。

どの方向に進んでも、彼を後押ししてやる決心が固まりました。

きっと、直也も心が楽になったことでしょう。

小野先生、本当にありがとうございました。


「体の芯が痛くなるほど泣きました」というお母さんの言葉が、胸に突き刺さった。

小林君とともに、どれだけお母さんが悩み抜き、考え抜いてきたかがわかるだろう。

私たち教師がよく使う「どんな子でも可能性がある」という言葉。

この言葉の本当の意味を小林君が教えてくれたような気がする。

④一番変わったのは教師自身だった――力の加減ができない子との出会い

1　自分の行為についてわからないからトラブルになる

自閉症グループの児童が、自分の行為がわからないために、どれだけ多くのトラブルが発生しているか考えたことがあるだろうか。

例えば、次のようなトラブルは、間違いなく「自分の行為がわからない」ことが理由である。

【事例】
友達とふざけて遊んでいる時、自閉症の水川君が急に、あざができるほど友達の腕を強くにぎった。そして、トラブルになった。

この事例のキーワードは何だろうか？

それは、「急に」という部分であり、「ふざけて遊んでいた」という部分である。

この事例で、水川君は、強くにぎろうと思ってにぎったのではなかった。

後で、確認してみると、自分では「ふざけているつもりだった」ことがわかった。

しかし、あざができるほどの強さで、急に腕をにぎられた友達は、たまったものではない。

相手の友達は、私に訴えて来た時に、次のように言っていた。

水川君は、いつも急にぎゅっとにぎってくる。何度も先生に叱られたのに、やめてくれない。

水川君は、自分の行為がわかっていないのだから、いくら叱られてもその行動が直るわけがない。それどころか、意味がわからないのに叱られることが続けば、二次障がいへと発展していってしまう。私が担任する前の水川君は、目がつり上がっていつも不機嫌だった。

2　自分の行為について教えること

水川君を観察してみると、相手に関わる時の力の入れ方が、自分で把握できていないことに気がついた。どのぐらいの力でにぎっているのかが、そもそも理解できていないのである。それでは、トラブルになるはずである。

そこで、力の入れ方を一緒にトレーニングすることにした。私が行ったトレーニングは肩もみだった。

給食時間に、私の肩もみをさせる。

肩もみをさせてみて驚いた。

それは、水川君の力の凄さである。大人の男性の私が、悲鳴をあげるような力なのである。このような力で友達をつかめば、トラブルになるのは当たり前だ。

私の肩をもんでいる水川君はと言えば、歯を食いしばりながらニコニコとしている。

自分の力がどうなのかというのが、全くわかっていないのである。

小学校で2年間生活しているにもかかわらず、力の入れ方すら学ばせていない。私はその事実に愕然とした。

いったい学校教育は何をやってきたのか。

子どもの表面上の行動だけを見て批判し、本当に大切な事実に目を向けない。その何が教育なんだと思った。

わからなければ教えればいい。教えもしないで叱るのは教育ではない。

そこで私は、力の入れ具合を具体的に教えていくことにした。


その強さは、大人用。

もう少し、力を弱くして。

それは、中学生の人用。

それが、小学校3年生用の力。


このように言うと、「力、強い？」と水川君は聞き返してきた。自分の力がどうなのかがわかっていないのが、この言葉でよくわかる。

友達と遊んだり、ふざけたりする時は、このぐらいの強さでさわるんだよ。


このように、肩もみの強さを調整して毎日声かけを行った。給食時間に行うので、毎日継続してトレーニングできた。

しばらくすると、水川君も、この肩もみの時間を楽しみにするようになった。

楽しい雰囲気で、肌がふれあうことが、スキンシップにもなっていたのだ。

慣れてくると、少しレベルをあげてみた。

大人の力でやってみて。

小学校3年生の力でやってみて。


こんなふうに、今度はこちらから力の入れ具合を指定して、揉ませてみた。

最初はなかなかできなかったが、だんだんと、力の調整ができるようになっていった。

そして、力の調整ができるようになっていくとともに、友達とのトラブルも激減していった。

念のために、危機管理として次のことも教えておいた。


友達が「痛い」とか「やめて」と言ったら、力が強いのかもしれないから、やってることをやめるんだよ。

これもほめながら行う。

最近、友達がね「水川君がきつくにぎらないから、うれしい」って言ってたよ。


このように、ほめながら指導していくから素直に聞ける。

「強い力をもっている人は、やさしい力でもできるんだよ」という言葉も喜んで聞いた。

「水川君は、何度言っても直らない」というのが、多くの教師の口癖だった。

しかし、自分の行為を教えてトレーニングしていくことで、水川君のつり上がっていた目が、穏やかになった。

教えて体感させてほめることで、水川君は自己肯定感をもつことができた。

第2章

発達障がいの子も生きる学級システム【学級経営】

①私の基本方針「失敗した時にやり直す」価値を示す

1　出会いの場面　教師の指示を聞かない

子どもたちとの出会いの日から、私は基本方針を示すチャンスを探している。

かつて、衝動性の非常に強い山田君という男の子を担任した。前の年には、友達へのちょっかいがはげしく、毎日のようにトラブルを起こしていた子である。

出会いでほめることがとにかく大切だと、心して初日を迎えた。

体育館での始業式の後、担任発表があり、その場でクラス替えを行った。

新しいクラスの出席番号順に子どもが並ぶ。山田君は、さっそく周りの子とおしゃべりをしている。新しいクラスになって興奮しているのがわかる。

学年全体でいくつか話をした後、下駄箱の移動の時間となった。1000人を超えるマンモス校のため、下駄箱の移動の時間が学年ごとに決められていた。

まず、旧クラスの下駄箱から、自分の外靴をとる。ここまでは、何事もなく進んだ。次は、新しい靴箱へ自分の外靴を入れる。

通路が狭いため、クラス全体を下駄箱の前に立たせて、私は次のように指示した。

> **通路が狭いので、前の人から順番に外靴を入れていきます。入れ終わった人は、今の自分の場所に戻ってきなさい。**

こう私が言い終わった時だった。

山田君が、衝動的に、ふら～っと列からはみ出して、一番に下駄箱へ行こうとしたのだ。さらに、それにつられて数人のやんちゃな男の子たちが、順番を守らずに下駄箱の方へと進んでいく。

さて、どうするか。

山田君の行為は、私の指示に反している。そして、クラス全員が、私の反応をじっと見ている。

頭の中では、いろいろな選択肢がかけめぐった。例えば次のようなことだ。

①山田君を注意する。
②山田君を「こら！」と怒鳴る。
③山田君とつられた子の両方を注意する。
④つられた子を注意する。
⑤全体に注意する。
⑥見逃す。
⑦全体をやり直しさせる。

このように、あれこれ選択肢を持つことが大切だ。どの選択肢にも良い悪いは別にして、それぞれに意味がある。

考える時間は一瞬である。いくら正しい対応でも、時間がたってからでは効果がない。

さて、皆さんなら、どう対応するだろうか。

全体に教師のメッセージを発する。

私は、山田君の「衝動的な姿」に引っかかった。「ふら～っと列からはみ出している」という行為が、どうしてもわざとやっているようには見えなかったのである。

ひょっとすると、私の指示が入っていないのかもしれない。そうでなくても、衝動的でいろいろなことが気になる子だ。別のことに気をとられていて、指示の最後の部分「行きます」だけが、彼の中に入ったのかもしれない。

また、友達が前に進むのを見て、自分も前に行ったのかもしれない。

つまり、ここで怒ってはいけないということが、私の基本方針となった。

もし、ここで怒ってしまえば、ずるをしたと思っている周りの子は納得するかもしれない。

しかし、やはり、山田君との最初のやりとりが「注意」というのは避けたい。それに、山田君は自分の行為がよくないという自覚がないのだ。私は、山田君を怒らないことに決めた。

しかし、このまま放っておくわけにはいかない。それでは、周りの子が納得しない。

そうでなくても、周りの子の山田君を見る目は厳しい。「また山田君が好き勝手をやっている」と、周りが思ってしまうのも避けたい。どうにかして、山田君にも周りにも良い影響を与えることはできないかを考えた。

私は次のように指導していった。

①いったん全体を元の場所に集めた。

先に行った山田君や男子たちだけでなく、全員を元の場所に集めて座らせた。

②教師の指示を全体に確認した。

「下駄箱の入れ方について、先生は大事なことを言いました。覚えている人はいますか」

すぐに、まじめそうな女の子が手をあげた。そして、「先生は順番に並んでいくと言いました」と答えた。

明らかに不満そうな様子だった。

私は、「先生の言ったことをちゃんと覚えているなんて、とても立派です」と強くほめた。ほめられたことで、その子の不満そうな表情はにこやかになった。

③もう一度、並んでいくように全体に指示をした。

今度は、全員が並んだまま下駄箱に進んでいった。先ほどの山田君もちゃんと並んでいる。

私の前を通り過ぎる時に、「ちゃんと並んでいて立派ですね」と声をかけた。山田君は、にこやかに頷《うなず》いて前に進んでいった。そして、何事もなかったように自分の元の場所に座って待っていた。

私の対応には、さらに続きがある。

全員が下駄箱に靴を入れ、元の場所に戻ってきたところで、全体にあるメッセージを伝えたのである。

これこそが、一年間を貫く学級経営の基本となる。

私は、全体に次のように話した。

先ほど、下駄箱に靴を入れることがやり直しになりました。順番に行くという先生の指示を守っていなかったからです。しかし、2回目はみんな、ちゃんと言われた通りにできました。これが大事なことなのです。

人間だから、誰でもよくないことをしてしまうことがあります。

その時、いけないないなと思ったら、ちゃんとやり直せる人が優秀なのです。みんなは、とても立派でした。


これが、この年、子どもたちに発した初めてのメッセージだった。

大変だと言われる発達障がいの子を担任すると、いつも感じることがある。それは、どの子も周りからレッテルを貼られているということだ。

その子が何かをすれば、「また、あの子がやっている」と思われる。

「また」というのは、過去の行為を現在にくっつけていることになる。

つまり、放っておくと、その子と周りの関係が、昨年までとリセットできない状態のままなのである。それを教師は意識して関わらないといけないのだ。

どんな子だって、一年の最初は「今年は頑張ろう」と思っている。

その意欲があるうちに、成功体験を積ませる。正しい方向に導いてあげる。これは、この時期にしかできないことなのである。

このレッテルをはがすことなしに、その子はよくなっていかない。そして、それを外せるのは、教師しかいないのである。だから、私は、「悪いことをしたら、そこからやり直せばいい」というメッセージを発した。

そして、その後もそのことを実行し続けた。

そのことで、あれほど大変だと言われた山田君も、自分が悪いと思った時には、素直に謝れるようになっていった。そして、そのことで、周りの子も山田君のしたことを許すようになっていった。

私は、教室にこのような文化を創るのが教師の仕事だと思っている。

②発達障がいの子が安定する朝の会・帰りの会のメニュー

1 朝のメニューを変えてから子どもが驚くほど落ち着いた

学校生活に問題を抱える発達障がいの子を担当してから、私はそれまでと朝の会のメニューを変えた。メニューを変えてから、非常に子どもたちが安定するようになった。そして、教師が不在でも、トラブルがなくなった。私のクラスの朝の会のメニューは、次の通りである。

> **①朝の挨拶　②詩文の暗唱三つ　③「五色百人一首」　④健康観察　⑤先生の話**

このメニューでなぜ子どもたちが安定するのかを考えていく。

まず、「①朝の挨拶」。

私の学級では、「朝の会」当番が、司会をすることになっている。以前は日直に司会をさせていたが、やはりどうしてももたもたしてしまうので、朝のスタートからだらだらとした雰囲気になることが多かった。不思議なもので、この教室の雰囲気が発達障がいの子にも伝播していく。それで、落ち着きがなくなるのだ。

そこで、当番の子に固定するようになった。毎日行っていくうちに、司会の子は教師と同じレベルで進めていけるようになっていく。これは非常に効果があった。

クラスの子には、「チャイムがなったら立ちなさい」と指示している。

そして、当番の子には、「チャイムが鳴り終わったら、すぐに挨拶をしなさい」とも言っている。だらだら待たないから、子どもたちも面倒に感じない。非常にきびきびとした状態で一日がスタートするようになった。

続いて、「②詩文の暗唱三つ」

挨拶が終わると、司会の隣に最初から立っている「暗唱当番」が、すぐに暗唱を始める。

当番の子「春望」→全員「春望　杜甫　国破れて〜」

このように、三つの詩文を当番の子が選んで、全員に唱えさせていくのである。これも、一つが終われば、すぐに次の暗唱に進む。テンポが良くて心地よい。ここまで、ノンストップで進んでいく。

次に、「③『五色百人一首』」。

「百人一首の準備を始めてください」という当番の声で、全員が一斉に準備を始める。試合ができるように机をくっつける。そして、ランキング順になっている試合の場所へ移動し、札の準備を

「五色百人一首」２人一組で対戦する

始める。

早く準備を始めた子は、裏を見て覚えていいことになっているので、勝負に勝つためにみんな急いで準備して札を覚えている。だから、教師が不在の時でも子どもたちがふざけたり、暴れたりすることがなくなるのだ。

そして、「ご用意よければ空札《からふだ》一枚」という教師の声で、自然に試合が始まっていく。

試合が終わり片付けもすんだら、今度は自分の席で座って待つ。

ここで、調子が悪い子は、立って待っていることになっている。なぜか。立っている子に「調子の悪い理由」をきくためである。つまり、調子が良い子は座っているので、数人に理由を聞けば「④健康観察」は終了する。

そして、「⑤先生の話」となる。

ここまで、心地良いテンポで朝の会が進んでいく。だから、朝のスタートが安定するようになる。

朝は、基本的に教師の連絡だけで良いと思っている。無駄なことをすればするほど、子どもたちは安定しなくなる。しかし、そうは言っても教育課程に「朝の会」が位置づけられていれば、やらないわけにもいかない。

そこで、工夫を重ねて現在の形のようになった。

メニューを変えることで、子どもたちは朝の会を楽しみにするようになった。

2　帰りの会のメニューは、シンプルに

帰りの会で一番大切なことは、「帰り支度をきちんとすること」だと思っている。忘れ物がないか、机やいすなどが整頓されているか、ゴミは落ちていないか。そのようなことを確認することである。

それ以外は、「絶対に必要か」と聞かれれば、あってもなくても良いとなる。

例えば、「良いことみつけ」「1日の反省」などを一生懸命取り組んでいる教師がいる。そのことを否定はし

ないが、子どもは「早く帰りたい」と思っているものだ。特に、発達障がいの子はそうだ。

私が担任した子の中には、帰りが少し遅くなっただけでキレてしまう子が何人にもいた。それが、帰りの会をシンプルにしただけで、ものすごく安定するのだ。

「もう1日の学校が終わった」と思った状態では、脳の処理能力は一気に下がってしまう。だから、その時間にあまりよくばった活動をすべきではないと考えている。

次の日の生活に影響するかどうかという視点で考えると、帰りの会で必要なのは帰り支度だけということになる。

これは、何十人という発達障がいの子を担当してきた実感である。

③当番活動は一人一役だから安定する

1　誰が何をするのか明確にする

当番は一人一役で行っている。例えば、「黒板消し1時間目」「健康観察」「窓しめ」など、教室の中の仕事を細分化し、その一つ一つを一人ずつが担当するのである。

このシステムで行うと、さぼる子が激減する。誰が何をどこまでやるのかが明確になるからである。よく、班ごとに仕事を割り振っているクラスがある。これだと必ずさぼる子が出てくる。それは、このシステムだと、誰が何をするのか、責任の所在が明確でないからである。

自分が仕事をしなくても、班の誰かがしてくれるなら、子どもたちはやらなくても大丈夫だと思うようになる。

そして、発達障がいの子がいるクラスでこそ、この一人一役システムは威力を発揮する。

トラブルにならない。

それぞれが自分の仕事を担当しているのだから、発達障がいの子が仕事をやらなかったとしても、他の子は困らない。だから、トラブルにならないのだ。

それが班ごとに仕事を行うシステムであれば、「ずるい」と怒り出す子が出てくる。

ここで、勘違いしてはいけないことがある。

それは、「発達障がいの子が仕事をしなくて良い」と言っているのではないということだ。

もちろん、自分の仕事は自分でやらせる。しかし、時には気持ちが安定していない時もある。そういうときは、教師が一緒に手伝ってあげれば良いのだ。

2　一人一役を運営するシステム

私のクラスでは、マグネットを使って、一人一役の仕事を運営している。

1人1人の名前と仕事を書いたマグネットを、ホワイトボードに貼っておく。

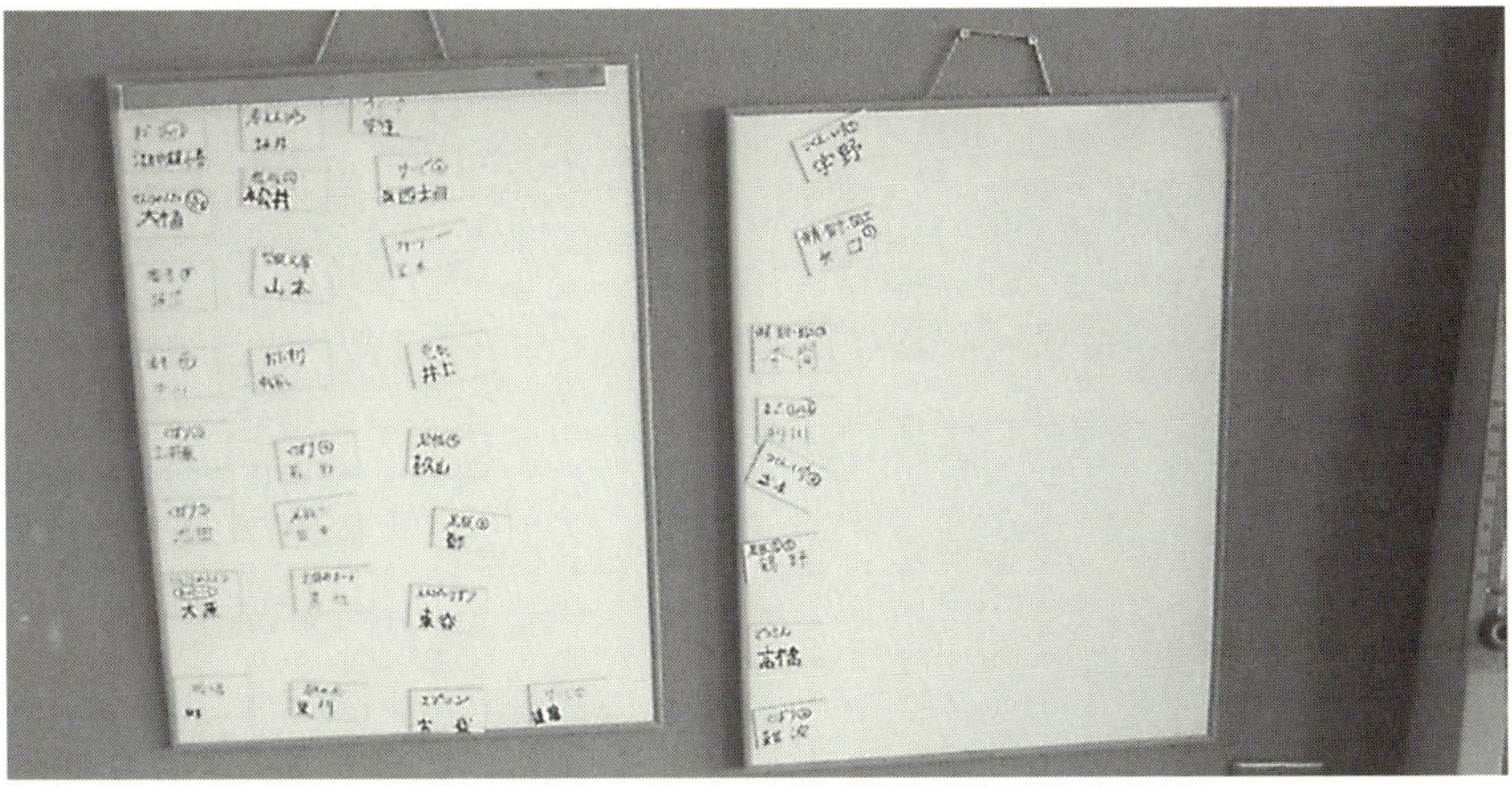

一人一人の名前と仕事をマグネットで貼っておく。一目で仕事の進展がわかる

ホワイトボードは2つ用意しておき、仕事が終わったらもう一つのホワイトボードにマグネットを移動する。

仕事が終わった方には、赤い棒磁石をつけておく。

そうすると、誰が仕事が終わっていて、誰が仕事をしていないのかが一目瞭然になる。

赤色の棒磁石は、帰るときに担当の子が、もう一つのホワイトボードに移動させる。次の日は、反対側にマグネットを動かすことになる。

3 チェックシステムを作る

ホワイトボードとマグネットを使うことで、さぼる子が大幅に減る。しかし、これでもさぼる子はなくならない。

そこで、チェックシステムを作る。


「当番の仕事ができているかを確認する」当番を作る。


その子は、帰る前に、全員の仕事ができているかどうかを確認するのが仕事なのである。

もし、やっていない子がいたらどうなるか。

その場合は、その子がやっていない仕事を全部することになる。これは、大変である。

最初のうちは、1人で5つも6つも仕事をしなくてはいけない状態になっている。しかし、その子はだんだんと前もって確認するようになる。

例えば、「仕事をしていない人はしてください」などと、給食時間に伝えるようになる。

それでも仕事をしない子がいると、個人的に「もう仕事をした?」と、聞いて回るようになる。

このようなチェックシステムがあれば、さぼる子はいなくなる。教師が出張などで不在の時でも安心である。確認する当番が作れなければ、日直がその仕事を担当しても良い。また、時には、このようなことも行う。

仕事が終わった人から「さようなら」をする。

こうすると、終わっていない当番の子は、慌てて自分の仕事に向かうようになる。

4 最後のもう一歩の詰め

このようなシステムが基本にあり、その上で時々は教師のチェックも必要である。

中には、仕事をしていないのに、マグネットだけを動かしている子もいる。そこで、次のように言う。

今から、仕事がきちんとできているかどうか、先生が見て回ります。心配な人は、確認していらっしゃい。

これで、さぼっていた子も必死で自分の仕事を行うようになる。

このような詰めも、時には必要である。

④掃除をさぼる子がいなくなるシステムと教師の対応

1 チェックがなければ子どもたちの掃除はいい加減になる

掃除の時間に、次のような場面をよく目にする。

グループの中の真面目な数人だけが掃除をし、他の子は遊んでいる。見回りの教師が来ると、ほんの少し掃除をするが、教師がいなくなると、また元のように遊び始める。

あるいは、次のようなこともある。

見回りの教師が指導した後、「また見に来るからね」と告げて他の掃除場所へ行く。だが、他の掃除場所で指導をしているうちに、もとの掃除場所を確認するのを忘れてしまう。

このようなことが続くと、子どもたちは「掃除をさぼっていても先生にはわからない」「先生は確かめに来ないからさぼれるな」と思うようになる。

教師のチェックがなければ、子どもたちの掃除は次第にいい加減になってくるものである。

2　教師がチェックできるシステムを作る

教師のチェックが必要だからといって、教師がさぼりそうな子のいる掃除場所にはり付いて、「あれもダメ、これもダメ」といちいち注意していては、子どもたちはやる気をなくしていく。

そもそも、普通はいくつかの掃除場所を見ることになっているので、ずっと一つの掃除場所にいるのは不可能である。そこで、次のようにする。

①掃除が終わったグループは、教師に伝えに来る。
②教師は、子どもたちが一番手を抜きそうなところをチェックする。（例えば、教室なら、隅っこのところ。「ここができていれば、他のところもきちんとできている」と考えられるというところをチェックする）

教師があたふたと見て回るのではなく、子どもたちにチェックを受けさせるようにする。

こうすれば、忙しく動き回らなくても、すべての掃除場所をチェックすることができる。

教師にも余裕ができ、子どもの目が届きにくい気になる箇所を掃除したり、ほめて回ったりすることができる。

また、チェックの方法は次のようにするといい。

チェックは、一回の掃除で一回だけとする。

一回の掃除で何回もチェックを受けられるようにすると、子どもたちの緊張感がなくなる。

合格できるチャンスが制限されることで、子どもたちも必死になる。

きちんと掃除ができていなければ、残ってでもやらせる。

なお、この掃除チェックの方法については、掃除の前に全員に伝えておくことが必要である。

3　時には、「一斉チェック」で変化をつける

いつも同じ方法では、次第にマンネリ化する。

そのようなときには、教師が掃除の時間の後、すべての場所を見て回り、5時間目の授業の最初に結果を発表する方法も効果がある。「チェックの結果を発表します。合格は……、A班！　B班！……」

Aランク、Bランクなどと評定していく方法もある。このチェックが、子どもたちはなぜか大好きである。

4　子ども同士でチェックポイントを伝達させる

私のクラスでは、掃除場所を交替させるときには、次のようなシステムにしている。

その場所の前の担当の子が、一人コーチにつく。


コーチ役の子は、次の担当の子どもたちに掃除の仕方を教える。コーチをつけるのは、2〜3日でよいだろう。

コーチ役には、やんちゃな子が向いている。不思議なことに、去年までは掃除をさぼっていたような子が張り切ってコーチをするものである。

子どもたちは、「ここが掃除できていないと、合格できないよ」とアドバイスし合って掃除をするようになる。

⑤子ども同士の「行き違い」は教師が整理する

1　ほめられているのにキレた？

広汎性発達障がいの太郎君がいた。

障害の特性どおり、「こだわり」や「周囲の状況が把握できない」ことが、太郎君のトラブルの原因になっていた。

ある日の図工の時間にも、トラブルが起こった。粘土でお話を作っていた時のことである。太郎君は、とっても上手にカメを作っていた。それを見た私は次のように子どもたちに指示した。

友達の作品を見て回ってごらん。いいなあと思うところは、参考にしていいですよ。

何か作品を作ったりするような時には、私はこのような指示をよく出す。

この指示を出すことによって、様々な良い効果が生まれるからだ。

まず、見てまわる事で、やり方を真似することができる。これは、苦手な子に例示を示していることになる。

また、こんなふうにするやり方もあるんだと、新しい視点をもたせることもできる。

さらに、特別支援の観点から考えても良いことがある。動くことで脳内が活性化されるのだ。特に、多動が強い子は、歩くことで落ち着きを取り戻すこともできる。

さて、友達の作品を見せた後が大切である。私は必ず、作品を見た感想を発表させるようにしている。

友達の良いところを発見した人は発表して下さい。

この時、すぐに1人の女の子が、太郎君の作品について発表した。

太郎君のカメがとっても上手で、すごいなあと思いました。

私は、心の中で「やった!」と思った。太郎君はほめられることが大好きである。これで、さらにやる気を持ち続けてくれるとうれしくなった。

他の子どもたちもなんだかうれしそうである。

教室の中には、何とも言えないあったかい空気が流れた。

そんな時、太郎君の口から信じられない一言が発せられた。

カメじゃねえんじゃ。ノコノコじゃ!

女の子の発言を聞くやいなや、キッとその子を睨《にら》みつけるように、こう言ったのである。それまであったかい雰囲気だった教室が、一瞬で凍りついた。

2　カメとノコノコはちがう

女の子は太郎君の作品をほめたのだが、太郎君には伝わらなかった。それは、なぜか?

太郎君は、こう言っている。

カメじゃねえんじゃ。ノコノコじゃ！

ノコノコとは、カメのキャラクターである。太郎君は、「ノコノコ」を作っていたのであり、「カメ」を作っていたのではないのである。

だから、自分のノコノコをカメだと言われたのが許せなかったのである。

そんなこと！　と思うかもしれないが、これが太郎君の論理なのである。

3　間に入って、行き違いをつなぐ

さて、このような時、放っておけば大変なことになる。私はこのように対応した。

太郎君、ノコノコって、種類で言うと何？　ライオン？

こう聞くと、太郎君は、「ライオンじゃねえ」と吐き捨てるように答えた。

続けて、「じゃあ、何？」と聞くと、太郎君は「カメじゃ！」と答えた。

ここで、すぐに、女の子に聞く。

「あつこさんは、なんて言ったっけ？」あつこさんは、「カメです」と答える。

「ああ、じゃあ、あってるよね。あつこさんが言ったのは、ノコノコのことでしょ？」

そう聞くと、あつこさんはうんと頷《うなず》いた。

そこで、友達の良いところを発見できてすごいと力強くほめた。

これで、その女の子もまわりも、何となく納得することができた。しかし、これで終わってはいけない。

私は、太郎君を呼んで、こう話した。

さっきね、あつこさんがね、太郎君のノコノコをね、とっても上手だって、すっごくほめてたよ。良かったね〜。

ささやくように言い、満面の笑みで太郎君を見つめた。すると、太郎君も満面の笑みになった。

ここで、初めて、「ほめられた」ということが理解できたのである。さらに、続けた。

良かったね。こんなふうに良いことをしてもらった時にはどうするの？

「ありがとうって言う」と太郎君は答えた。

そうだ！　とかぶせるように力強く認め、あつこさんのところへ行っておいでと指示した。

太郎君は、ニコニコしながら、あつこさんのところへ行き、ぺこっと頭を下げた。あつこさんもニコニコしながら、「ありがとう」と答えていた。

このようなトラブルは、日常茶飯事である。教師が間に入り、行き違いをつなぐ指導が大切であると感じている。

⑥忘れ物があるから指導できる――「メモの仕方」「借りる時のマナー」

1　忘れ物への対応をどうしているか？

発達障がいの子は忘れ物が非常に多い。

これはいくら叱っても効果はない。持ってこれるようになる方法を教えることが重要だ。

まず、連絡帳に書くのは当然だ。ここでもいくつか工夫をする。

まず、大事なものは赤で書くなどの工夫が必要だ。ただ、これだけでは忘れ物が減る可能性は低い。

私は、付箋を活用している。

大事なものを用意する時など、連絡帳に書いたページにはらせるのである。

ただ、はらせるだけではいけない。用意したら、付箋をはずさせる。これがポイントである。

準備するものをかばんの中に入れたり、玄関においたりしたら、連絡帳から付箋をはずさせるのである。

この行為で、準備を意識させるようにする。

また、連絡帳を入れる場所も決めさせる。

お便りなどの連絡物も同じ場所にしまわせる。パターン化することで効果があがる。

2　もう一歩の突っ込みで変化する

忘れないようにするための手だては、多くの教師がやっていることだろう。

私は、さらにもう一歩突っ込んで指導する。

うまくいった時の方法を聞く。

忘れ物が続いていたが、やっと持ってきた時、あるいは忘れずにちゃんと持ってくることができた時。これが指導のチャンスである。

私は、このような時に、なぜ持ってくることができたのかを聞くことがある。

例えば、「晩ご飯を食べる前に用意した」という答えが返ってくる。それが、この子にとっては成功しやすいやり方なのだとこちらが把握できるのだ。

ここで考えなくてはいけないのは、「準備するのは家庭だ」ということである。

それぞれの家庭で生活はバラバラなわけだ。だから、その子が自分の家庭でどのように準備すれば忘れ物がなくなるのかということを一緒に考えてあげる必要がある。

だから、うまくいった時にその理由を聞いて一緒に考える。そして、今までとは何が違ったのかを気づかせるのである。

忘れ物が多いということは、どうすれば忘れないのかという自分なりの方法を持っていないということ。

だから、その方法を教え、その方法を実行できたらほめることを続けていけばいい。

もう一歩の突っ込みがあるから、子どもは変化していく。

3　提出物の出し忘れをどうするか？

大事な保護者からの連絡や、提出物を出し忘れるということもよくある。

この出し忘れをなくすことは簡単である。

朝の時間に連絡帳を書くことを習慣化する。

こうすれば、連絡帳を書く時に、提出物があることに気づく。

なお、お金を集めるときには、細心の注意が必要である。絶対に教師がいない時に提出させてはいけない。あとで見てみると、10円足りなかったというようなことがある。そして、さんざん探した後、ランドセルの奥の方から出てきたなんていうことも珍しいことではない。

お金は、たった10円でもトラブルの元になる。そして、信用問題に発展する。

このようなことが起こるのは、やはり発達障がいの子に多い。だから次のようにする。

集金は、お金を自分の手のひらにのせて、金額を確認してからもってこさせる。

こうすれば、もし金額があわなかったとしてもこちらに非はない。先ほどのように、ランドセルを探すなどの方法をとればいい。

また集金袋をクリップなどでとめさせる方法も効果的だ。これなら、ランドセルに落ちる心配がなくなる。

また、全員が提出する書類なども確認が必要だ。

本人が「出した」と思い込んでいることが結構あるのだ。また、保護者が子どもに渡していても、ランドセルに入れ忘れてどこかになくなってしまうこともある。

だから、私は、全員提出するものは番号順に持ってこさせるようにしている。

その上で、出していない子は、その場で確認をしてメモする。

このように、ちょっとした行為で家庭とのトラブルを防ぐことができる。

⑦学級通信で保護者も味方につける

学級通信は、学級作りに欠かせない。私は、良いこともトラブルも可能な限り学級通信で保護者に知らせるようにしている。

これは、子どもたちがよくないことをしたと保護者に訴えるのではない。子どもの成長を共に応援していただきたいというメッセージなのだ。

トラブルが起きた時、「あの子はダメだ」と批判するのか。それとも、そこから反省して態度を改めようとしている姿を応援するのか。子どもたちの成長にとってこの差は大きい。

私は、「トラブルは成長の場」であるという信念がある。その中で子どもは成長していくのだ。特に、発達障がいの子が起こすトラブルは、全てソーシャルスキルトレーニングになる。

その場で起こっているトラブルは、その子が大きくなってからも起こりやすいトラブルなのだ。だから、今のうちにたくさんトレーニングをして、その対処法を身に付けてほしいと思っている。

だから、私はトラブルが嫌いではないし、保護者にも伝えたいと思っている。

ただし、個人的なトラブルをのせることは当然しない。クラス全体にかかわることをとりあげる。

次は、私が実際に保護者に出した学級通信である。

1　問題を乗り越えて　子どもたちは成長していく

▼教室には、様々な問題が起こります。

それが、子どもたちの世界では自然な姿だと思っています。

何も問題がないというのは、逆に危うい感じがします。

問題を乗り越えていくことで、子どもたちは多くのことを学んでいきます。（お家の方の小学生時代もそうでしたよね。）

だから、私は問題が起こることが嫌いではありません。逆に、学びの良い機会になると思うのです。

▼さて、4Bにも少し前、みんなで話し合う必要のある問題が起きました。

それは、休み時間のルールを守っていない人が何人もいるというものでした。

例えば、給食が終わって休み時間になります。

給食の終わりの時間に、4Bでは「ごちそうさまの挨拶をする」そして、「自分の机を運ぶ」というルールになっています。

それなのに、挨拶を適当にして、机運びもほったらかして外に遊びにいく人がいたのです。1人や2人ではありません。何人もいました。

その結果、運んでいない人の机は、他の人が運ぶことになりました。「自分が早く遊びたい」という人のわがままで、他の人が迷惑をかけられているというのは、許せないことです。

▼問題は、それだけではありませんでした。

遊び時間が終わると、今度は掃除の時間です。

4Bの教室は、運動場からとても近い場所にあります。チャイムがなって、すぐに帰ってくれば1～2分で帰れます。（子どもたちに聞いても、2分あれば余裕だと話していました。）

しかし、3分4分たってから帰ってくる人が7人もいたのです。これは教室掃除の人だけのことですから、他の掃除場所でも同じような人がいると考えられます。

しかも、遅れて帰ってきているのにお茶を飲んでいる人もいるのです。目の前で掃除をしている人がいるのにです。

時間通りに掃除を始めている人は、遅れている人の分までがんばっています。
▼「これは許されることなのか?」と、子どもたちに聞きました。
子どもたちは、みなよくないと言います。

「では、自分自身の行動はどうなのか?」と聞くと、自分もできていないと答える人がほとんどでした。

自分のこととしてとらえられるのは、とても良いことです。

4月から、子どもたちにいつも言っています。

「良くないことをした時にどうするのか」というのが大切なのです。きちんと素直に反省し、そしてその後の行動を変えていく。それが、成長につながっていきます。
▼「では、4Bはどのような反省をするのか?」
反省の仕方を子どもたちと考えました。

遊び時間のルールを守らないと、遊ぶことはできない。ルールを破ってまで運動場を使おうとするならば、運動場は使えない。


ということを確認しました。

その上で、しばらく運動場を使うことを4Bはがまんすることになりました。子どもたちの中からは、2か月ぐらいがまんするという意見が出ました。その覚悟があるというのです。

2か月というのは、1学期は使えないということです。これは大変です。小野の提案で、とりあえず1日やってみようということになりました。

次の日、４Ｂだけが運動場を使えない日が過ぎました。

運動場が使えないのは寂しいものです。その日を経験し、次からは自分たちでルールを守ろうという話をあらためてしました。
▼子どもたちは問題を起こすものです。
その時に、何を学ぶか？　ということを考えるようにしています。子どもたちにとって、とても良い勉強の機会となりました。

⑧子どもを伸ばすために保護者と取り組む「一つの良いことを次につなげる」作戦

「保護者とどのように付き合うか」

それが、発達障がいの子への指導に大きく関わってくる。連携が深まれば指導がしやすくなるし、反対にこじれてしまうと、何をやってもうまくいかない状態に陥る。

あるお母さんとの対応で、どのような効果があったのかを紹介することにする。

1　難しいといわれていたお母さん

けんた君のお母さんとは、しょっちゅう電話やメールでやりとりをしている。相談だけでなく、家での面白いエピソードや学校での何気ない様子なども話題にのぼる。

しかし、そんなけんた君のお母さんも、最初からこうではなかった。

けんた君の担任になって、最初の家庭訪問があった。

家庭訪問に行く前、教頭先生から次のように言われた。「お母さんと、ちゃんと話ができればいいんだけどなあ」

そんなに難しい方なのですか？　という小野の言葉に頷き、さらに続けた。「電話しても、すぐ不機嫌になって、切られるんだよ」

私は覚悟をして、家へと向かった。

しかし、会ってみると、評判とは全く違っていた。ごく普通のお母さんだった。

とにかく、事実でほめた。百人一首で名人になったこと。算数の時間、黒板に答えを書いて発表していること。トラブルがあってもちゃんと謝れていること。

強張っていたお母さんの表情が、みるみるやさしくなっていった。

「よし、やるぞ！　と、みんなを引っ張っていってくれています。いいお子さんですね」

私の言葉に、一転して今度は涙を流された。

昨年は、「こんなお子さんは、初めてです。どうしようもありません」と担任から言われたこと。毎日のように、学校から苦情の電話がかかってきたこと。

お母さんと話を聞くうちに、難しいといわれていた理由がわかってきた。

けんた君は、2回学校を替わっている。トラブルを起こして転校を重ねていたのだ。

最初の学校では、友達をけって入院させた。その子がドッジボールで卑怯なことをしたからというのが理由だった。そのことで、けんた君は、担任、学年主任、教務、教頭と立て続けに何時間も説教をされ、犯罪者のような扱いをされたそうだ。

それは、反省の場というより尋問そのものだったそうだ。相手の家とは和解したが、学校に愛想をつかし別の学校へ転校した。しかし、転校した先でも、教師・学校の対応は同じだったという。

「学校の先生なんて信用していませんでした。、どうしようもない人たちだと思っていました」

そう話されるお母さんを見て、お母さんを難しくさせていたのは、学校の教師であると確信した。難しくも何もない。子どもを守るために当たり前のことをしているだけなのだ。

2　突然の連絡

五月、遠足があった。

私の学校では、上学年が下学年とペアを組みお世話をすることになっている。ペアを組んだのは、二年生だった。

やんちゃで好奇心旺盛な二年生たちに、五年生の子どもたちは振り回されていた。

「もう、歩きたくない」「おんぶして」「お茶のみたい」

そんな言葉にも、「もう少しだから」とはげまし諭しながらお世話を続ける。

けんた君も例外ではなかった。

二年生のわがままにも、やさしく付き合ってあげていた。昨年までと別人のような姿に、どの先生もびっくりしていた。

最後まで、やさしく世話をしてくれたけんた君を、学校に帰ってしっかりとほめた。

子どもたちとさよならした後、私はすぐに家に電話した。


今日の遠足、けんた君は立派でした。二年生の子を最後までやさしく世話をしてくれました。あの立派な態度、お母さんにも見せたかったです。本当に感心しました。

けんた君が帰るまでに、伝えたかった。そうすれば、家でもまたほめられる。正しい行動をしたとき、いいことをしたとき、このようなフィードバックを与えることはきわめて大切だ。

お母さんは、学校から家にかかってくる電話は、苦情ばかりだと話していた。電話のベルがなるたびに、「ああ、また何かしたんだ」とビクビクしていたという。

苦情の電話だけで、子どもがよくなるわけがない。苦情だけでなく、その子の頑張りも保護者と共有し、成長につなげるような取り組みを増やしていきたいと思う。

第3章

１ｍｍの変化を見逃さない
子どもが変わった瞬間をとらえる

①すぐに反抗「どうせできん！」が口癖の子どもが、意欲をもったその時

1　暗唱でクラスのお手本になる

新年度になると、毎年、詩文の暗唱に取り組んでいる。

初めは、全員一緒に詩を覚えていく。

黒板に詩を書き、全員で何度も読みながら、少しずつ黒板の詩を消していく。

読むたびに各行の下から少しずつ消していくので、最後の方は各行の初めの文字だけが残ったような状態になる。

向山洋一氏の追試であるこの方法を取り入れると、クラス全体がだんだん熱中した状態になっていく。

最初は自信なさそうに読んでいたのが、だんだんと大きな声になっていく。

この時、クラスの先頭に立って大きな声を出そうとしているのが、たいてい発達障がいの子である。

当然、そのことを全員の前で取り上げてほめる。この子の学習態度が、クラスのお手本になるのである。

また、途中で「もう無理かな？」などと子どもたちに挑戦的に聞いてみる。

すると、熱中状態の子どもたちは、「大丈夫！」「もっと消していいよ」などと得意げに話す。

この時も先頭に立って、やる気を出しているのは、多くの場合、発達障がいの子である。

前の年に、ルールをやぶったりトラブルばかり起こしていた子が、学習場面で事実でほめられる。この事実は、周りの子への影響が大きい。

この子のおかげで、クラス全体が望ましい方向へ向かっていくことになる。

2　暗唱テストでさらに事実を作る

黒板の詩を暗唱した後、その詩をテストする時間を設ける。

みんなの前で、テストに挑戦してみたい人？

このように聞くと、毎年、一番に手をあげるのが、トラブルばかり起こしていたような発達障がいの子であった。

私は、その時に、次のように子どもたちに語った。

4年1組で、初めて暗唱テストに立候補したのが、山田君でした。これは4年1組の歴史に残ります。
山田君のように、挑戦しようとする人は必ず伸びていきます。
大事なのは、できるからやるのではなく、やるからできるようになっていくことなのです。

暗唱テストに合格したことではなく、暗唱テストに挑戦したことをほめるのである。

ちなみに、暗唱テストは厳しい上にも厳しく行う。少しでもつまったり、必要以上の間が空いたりすると不合格である。

そのことを宣言しているので、優等生タイプの、間違いを嫌う子は立候補しない。

それに対して、とにかく「はいはい！」とやってみるタイプのような子が立候補するのである。

それは、落ち着きがないと言われているようなＡＤＨＤの子に多い。

テストは、ほとんどが失敗である。

しかし、先ほどの語りのように、「挑戦する」ことに重きを置いているので、ほめられるのである。

例えば、勝負事に非常にこだわり、負けを受け入れられない子が挑戦した場合は、次のように言う。


成功するのも大事ですが、もっと大事なのは、失敗した時です。失敗して怒ったり、もう無理だとあきらめてしまうのではなく、また挑戦しようという人が伸びるのです。

山田君の態度は、立派でした。


これも全体のモデルになるのだ。

このような全体の中でも物怖じしない態度が、全体へと波及していく。

こうやって、私は自分のクラスを創っていく。

3　どうしようもないと言われた子の姿

暗唱の良いところは、失敗しても何度か挑戦しているうちに、いつかはできるようになるという点である。

だから、「頑張ればできるようになる」という体験が、必ずできるのである。

このような体験を積むことで、努力→成果という見通しがもてるようになる。

このような状態になって、発達障がいの子は初めて努力ができるのである。

山田君には、そのような体験が、今までに一度もなかったのだ。

彼は、漢字テスト、なわとびなど、どんどん苦手なことができるようになっていった。できることが増えると、周りの友達に対しても穏和になっていった。

そうなると、積極的な彼の良さがクラスの中で認められるようになっていった。

そのことがよく表れた事例がある。

卒業前、女子グループがスポーツ大会を企画した時のことである。

係の子が、「これからお別れスポーツ大会を始めます」と開会宣言をした時、彼が「いっせーのーで！」と、クラス全員に手拍子の音頭をとったのだ。彼の手拍子の音頭で、一気に大会は盛り上がった。

その子の姿を見て、係の女の子たちは感動していた。自分たちが企画したことを、こんなに応援してくれる。

その子のおかげで、大会が成功したというのだ。

「その子のおかげで、クラスが良くなっていく」という事実である。

その子にしかできないこと、その子だからできることがあるのだ。

②「算数したら死ぬ！」と言った子を、算数好きに変える

1 「算数で死ぬ」と叫ぶ

俺、算数嫌い。算数の時間がくると死ぬ。

これが、広汎性発達障がいの高橋君が最初に発した言葉だった。

自分は算数ができないという強烈なトラウマがあったのだ。

それが、向山型算数で指導を続けた結果、高橋君は算数が大好きになった。

今まで、取り組もうとすらしなかった高橋君が変わったきっかけは、最初の指導だった。

2　全てが最初にかかっている

3年生になって最初の指導。一年間の指導がここで決まる。

だから当然ノート指導をしたい。日付・ページ数の書き方をやり直しをさせながら、しっかりと教えたいと思う。

しかし、この時は、何よりも「算数って簡単だ。算数って楽しい」そう思わせることが絶対に必要だった。

極論すれば、それ以外には何もいらないとさえ思った。

もうすぐ算数の時間が始まるという休み時間、高橋君はまた叫んでいた。

「算数の時間が近づいてきた。地獄の時間がやってくる」そう言いながら、床を転げ回っているのだ。

もし、最初の時間が「わからない」となると、この先もずっと算数に取り組まないだろう。

絶対に失敗ができない。そこから、授業がスタートした。

3　いきなり授業に入る

チャイムがなりおわって、すぐに授業を始めた。

最初は九九の表があるページ。教科書は開けずに、いきなり九九の2の段を言わせた。

言い終わった瞬間、「言えた人?」と聞いてみた。

高橋君もうれしそうに手をあげた。「すごい！　天才！」とほめるととてもうれしそうだった。

続けて3の段。これも言えた。

「すごすぎる。３Ｂは天才の集まりだ！」と力強くほめると、もう高橋君は興奮状態だった。

4　教科書につなげる

教科書の最初のページは、九九表を扱った内容だった。途中、５の段や６の段の一か所が隠れている。それを予想させる内容。

そこで、今度は５の段を言わせた。と同時に、黒板に「５、10、15……」と答えを書いていく。

そして、教科書の穴あきになっている35のところだけを同じように書かずにあけておいた。

あれ？　先生、ここの答えを書くのを忘れちゃった。何が入るのかなあ？　わかる人？（すぐに35の答えが出る。）でも本当かどうか心配だ。どうして35になるのか説明できるかな？

そう言うと、子どもたちは興奮気味に次々と答えた。

「５の段だ」「５ずつふえている」「５ずつへっている」などの意見が出た。友達が答えるたびに、高橋君も「そうだ。そうだ」と興奮している。

説明できたことを大いにほめ、さらに７の段、８の段も同じように進めていった。高橋君も周りの子も、興奮状態で取り組んだ。

この後、教科書の九九表で隠れている数字を予想させた。

すぐに、この問題が今黒板でやったことに気づく子が出てきた。高橋君もそのことに気づき、「簡単だ！簡単すぎる」と興奮していた。

さらに、次のページでも「7の段の答えは、7ずつあがっている。7ずつ下がっている」という問題をすぐに解いた。

5　3年生の算数は簡単すぎる

授業が終わって、高橋君に感想を聞いてみた。

すごく簡単。3年生の算数は、なんか簡単すぎます。

高橋君はうれしそうにこう答えた。

その後、高橋君はパニックになることもあったが、できなくても黒板を写しながら、ずっと一生懸命算数に取り組んだ。

自信をもった高橋君は、算数だけでなく他の教科にも落ち着いて取り組めるようになっていった。

③ほめることは格闘技――ほめることを受け入れない子を変える「受容」と「趣意説明」

「教育は格闘技である」と、かつて向山洋一氏は語った。発達障がいの子を担当するようになってから、この言葉の意味がわかるようになった。

ほめることは、まさに格闘技である。何をほめるのか、どのようにほめるのか。ほめることは、簡単なことではない。

どのようにほめるのかを演習していく。

1　ほめないと動かない子の言葉を分析する

ほめないと子どもは動かない。発達障がいの子は特にそうである。そして、こんなことも多い。

ほめても動かない。

ほめられたことを受け入れられないのだ。

二次障がいを併発している子、セルフエスティームが下がっている子の多くがそうだ。

そういうときには、ほめたことでキレてしまうことがある。ＡＳＤ（自閉スペクトラム症）の谷口君もそうだった。

頑張ってできた問題に対して、「よくできたね」と私はにっこりほほえんでほめた。
しかし、谷口君は不機嫌そうにこう言ったのだ。
「どうせ、偶然だ！」

このような子がほめることを受け入れることができて、初めて「ほめた」ということになる。

まず、「どうせ偶然だ」という子どもの言葉を二つにわけて分析してみる。

「どうせ」という言葉から何が考えられるか。今までに、何度も失敗したということが考えられる。また、できたと思っても、次の時には失敗してしまった経験もあるのだろう。

しかし、「どうせ」という言葉は、全否定ではない。ほめられることを、本当は求めているということもわかる。

また、「偶然」という言葉からは、自信がないということがわかる。

さらに、「偶然でもできたこと」に価値がないと考えている。たぶん、今までに誰かに否定されることがあったのだろう。

私は、いつも子どもの言葉や表情から、このようなことを分析することが習慣になっている。

2　分析を使ってどのようにほめるか

では、具体的にどのようにほめていくか。失敗は許されない。

ここでは、「偶然」という言葉が、キーワードとなる。


「偶然にできた」ということを価値があることだと納得させる。

だから、次のようなほめ言葉では、子どもは変化しない。

偶然でもできたことは凄い。


できるようになるまでには、必ず、今回のように、「偶然できた」ということが何回か起きるんだよ。

そして、本当にできるようになっていく。

ここまでで、「偶然できた」ことが大切なことだと趣意説明している。

実際に、ここまで話したところで、子どものイライラは消え、興味深そうに私の話を聞こうという状態になった。

ここまでで、すでに子どもは変化している。

しかし、さらに私は、もう一歩突っ込んで対応したいと思う。

私は、次のように語りかけた。話すスピードを落とし、包み込むようなイメージだ。

だから、今回のことは、できる力がついてきたという証拠。この最初の一回が難しいんだよ。よかったね。

この中で、私はある言葉を力強く話した。「この最初の一回が」の部分である。

この言葉を言い換えるとどうなるか？　「偶然」という言葉と同じ意味である。

私は、こうやって「偶然」という言葉を価値付けしていった。

最初にほめた時に、子どもはほめたことを受け入れなかった。しかし、私はここは勝負だと考えた。一度や二度の失敗で、あきらめてはいけない。ほめることは、格闘技である。

④負けを受け入れない子——負けてもキレなくなる最初の一歩をとらえる

1　ジャンケンで負けると暴れる子

かつて、ジャンケンに負けただけで、暴れ出す広汎性発達障がいの子がいた。とにかく負けを認めない。前の学年では、毎日パニックになり、教室を飛び出していた。

おそるおそる百人一首をやってみた。

相手の手が下でも納得しない。1枚取られるとパニックになり、札をぐちゃぐちゃにして叫んだ。

普通のやり方では、とても無理だった。

先の見通しはないが、あきらめないことだけを誓って、取り組みを続けることにした。

2　やる気をほめる

最初から全てを求めるのではなく、段階的に指導をしていくことを決めた。

札を取られて暴れるということは、「自分も取りたい」ということだ。

まずはそのことをほめた。「勝ちたいんだよな。そのやる気がいいんだ」と抱きしめて、頭をぐるぐるとなで回した。

私が「先生、明日は渡辺君と勝負したいなあ」と言うと、うんと頷いた。「やった！　楽しみだなあ」と言うと、ニコニコとした表情になった。これで、最初から「いやだ」と暴れることはなくなった。

3　失敗のない状態でルールを教える

教師とやることには理由がある。一緒にやる中で、徐々に行動パターンを教え込むためである。まずは、札を準備することを教え、そのことをほめた。「さすが3年生だなあ。小さい子は一人じゃできないんだよ」

こう言うと、次の日から「先生、今日も用意できたよ」と言うようになった。

「準備も片づけもしてくれて、先生とってもうれしいよ」と言うと、飛び上がって喜んでいた。

次は、札を取る時のルールを教えていった。

札を読みながら、取る札の上に手をかざす。渡辺君は、その下に手を入れて札を押さえる。

「どっちの勝ち？」と聞くと、「ぼく」と答える。「そうか、手が下にあった方が勝ちなんだね」と言いながら、これをずっと繰り返していった。

全部の札を渡辺君が取る状態で、何試合も続けた。

4　取られたことを成功に変える

次は、こちらが手を下に入れてみる。

「今度はどっちの勝ち？」と聞くと、少し考えながら、「先生」と答えた。

「え、なんで？」と聞くと、「だって手が下の方が勝ちだもん」と渡辺君が言う。強く強くほめた。

試合後には、「取られてもがまんできたね。すごいなあ」とほめにほめまくった。

「ぼく、取られてもがまんできるよ」という渡辺君の言葉をみんなにも紹介した。全体に伝えることで、渡辺君の行動をさらに強化させていった。

ここまでできるようになると、次はジャンケンを教える。同時に札を取った状態を作り、どちらかわからない時は、ジャンケンをすることを確認する。

この時も、最初は全部教師が負ける。

そして、慣れてから1枚だけ渡辺君がジャンケンに負ける状態を作る。そして、がまんしたことをほめることで、ジャンケンが可能になった。

5　ほめながら、負けを受け入れさせていく

ここまでは、全部渡辺君に勝たせていた。勝って気分が良いうちの方が、約束事を教え込みやすい。

約束事が定着したら、最終関門の「負け」を教えていく。徐々に取る枚数を増やし、負けるかもしれない状態を何度も続ける。その時、「負けてもがまんする大切さ」を何度も念押ししておく。そして、1枚差で負ける状態を作り、がまんできたことを大げさに何度も何度もほめた。

次に負けた時にも、その次の時も同じようにほめた。それから、渡辺君が暴れることはなくなった。

その結果、2学期には、何の問題もなく「五色百人一首」に取り組めるようになった。

私は、このように段階的な指導を行った。少しずつできることを増やしていったのだ。

そして、五色百人一首で学んだ「がまんすること」は、いろいろな場で役に立っていった。

6　「ペーパーチャレラン」をするとキレる子がキレない

うまくいかないと、キレてしまう子がいる。しかし、「ペーパーチャレラン」だけはキレずに取り組むことができる。この事実から私たちは学ばなければならない。なぜ、このような事態が生じるのか。

二つの事例を紹介する。

①広汎性発達障がい3年生

木村君は、不登校傾向で勉強に極端に抵抗を示していた。約1か月、教室で鉛筆を持っていない。簡単な課題でも、「しない」と言って、鉛筆を持とうとしなかった。

無理だろうと思いながら、薦められた「グーチョキパー」チャレランを用意した。

説明しながら私がして見せた。筆箱をそっと横に置くと自分から鉛筆を持った。そして、「グー、チョキ、パーはどこかな？」と言いながら書き進めたのだ。

あれほど鉛筆を持つことに抵抗を示していたのに、2枚目も3枚目もやっていた。進め方を変えながら、その後も何度も取り組んだ。何度もやり直しができる。

そして、進め方を変えることで、いく通りものやり方ができる。だから飽きがこない。

そして、やり方を変えればもっと高得点が出るという期待がある。だから熱中して取り組む。

②アスペルガー症候群6年

思い通りにならないとパニックになり、攻撃的になっていた田中君。

初めて取り組んだ時、たまたま最初に良い点が出た。黒板に貼

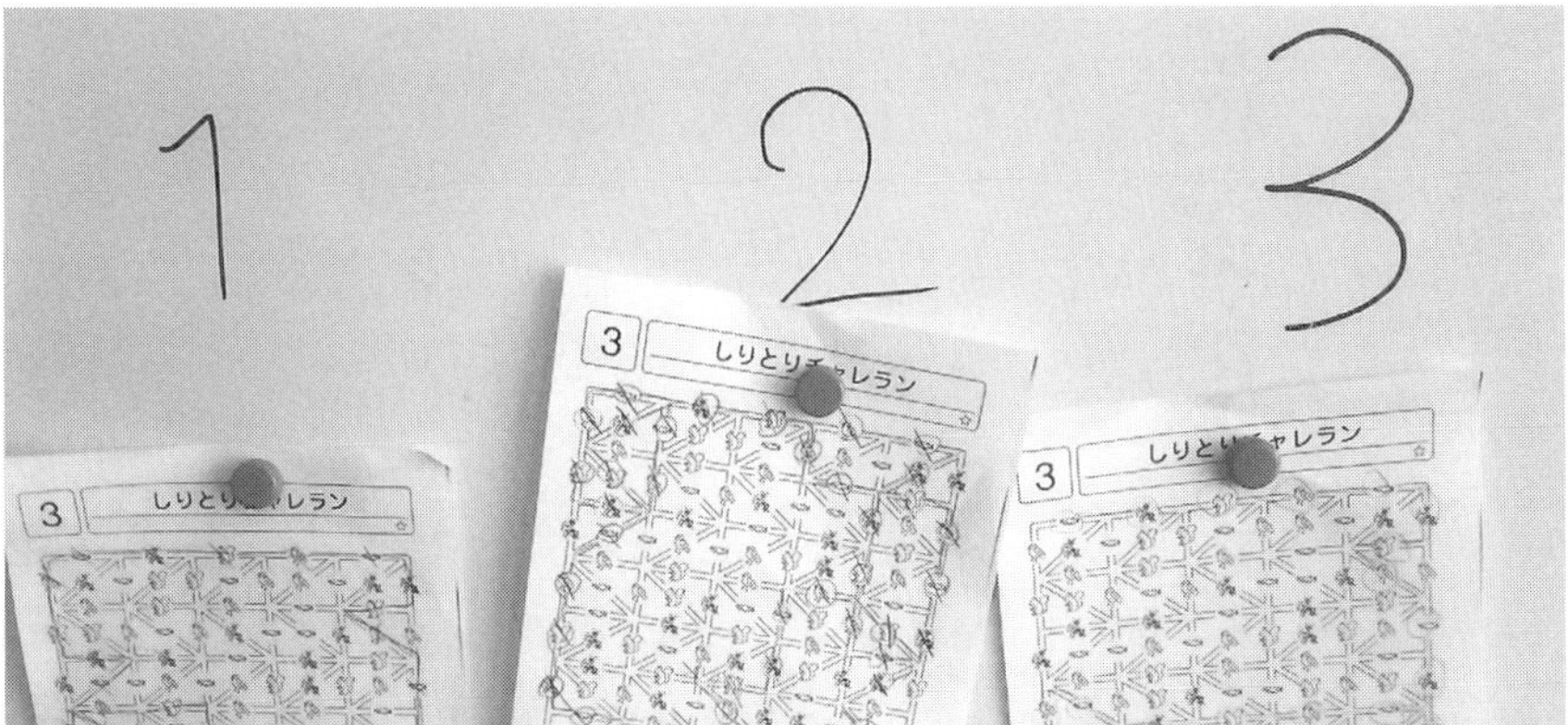

上位3名をホワイトボードに貼る

ると田中君は大喜びだった。上位3人の紙を黒板に貼るようにしていた。時間がたつにつれ、他の子もだんだんと良い点を出し始める。そうなると、田中君の順位が下がっていく。1位から2位になり、3位になった。あと1人、田中君より良い点が出てしまうと、田中君の紙は、外されてしまう。そうなると、絶対にパニックになるだろう。

そして、ついに心配したその時がやってきた。新しく3位に入った子が、田中君に4位になったことを告げた。絶対にキレると思った瞬間、田中君がとった行動は意外なものだった。なんと、黒板のところに行って、他の子のチャレランを見ているのだ。そして、こうつぶやいた。「なるほど、こうやればいいのか」

そして、自分の席に戻って2枚目を取り組み始めた。田中君の興味は、得点よりも進み方の方が大きかったのだ。

それは、良い方法を見つければ、もっと良い点が出るという見通しがあることを表している。

キレる子の思考は、0点か100点という感覚である。だから、「もうダメだ」「どうせ無理」そんな言葉がすぐに口をつく。努力すればできるという見通しがもてないのだ。

しかし、「ペーパーチャレラン」には、プラスの見通しをもたせる力がある。だからキレる子も取り組むことができる。そして、このキレなかった経験が、次への取り組みの力になるのである。

⑤「積極的に休ませる」方法で、うつの不登校の子が変化した

1　学校が疲れる、嫌だという子

不登校傾向の男の子がいる。朝、なんとか学校には来れる。しかし、教室の入り口に入る前から、「嫌だ。疲れた」と叫び、逃げ出す。毎日がこの繰り返し。

学校に来て、勉強すると疲れるからと、教室ですることといえば、お絵かきや折り紙など。無理をさせない、好きなことをさせるという主治医の判断の元、気がつけば自分のやりたいこと以外は何もしなくなっていた。

私が担当になって、最初はがんばって取り組んでいた。給食は食べるし、勉強も全部やるという。最初は順調だったものの、4月の終わりから、だんだんと体調も気力も落ちてきた。

そして、また、以前のように、「疲れる、嫌だ」が始まった。

2　積極的に休む日を作る

学校を休むのはいい。途中で帰るのもいい。私が気になったのは、次のことだった。

帰る時、「嫌だ」と叫びながら帰っている姿。

この子は、帰ることはよくないと自分を責めているのではないか。そうであるならば、学校という存在のせいで、この子はどれだけ傷ついているのだろう。しかも、これが毎日続くのである。

これだけは何とかしたいと思い、無理をしない中で登校刺激（登校を促す言葉かけ）を続ける方法を選択した。

積極的に休む日を作る。

翔和学園の伊藤寛晃氏の報告を元に、休む日をあらかじめ決める方法に取り組んでみることにした。

保護者に了解を得た後、この子にその提案を行うことになった。

3　子どもに休む提案をする

私は、その子を呼んで次のように話した。

山本君は、ひょっとして学校に来ないことがものすごく悪いことだと思っていない？

「そう思っている」と頷いた。

そう思ってるなら、「嫌だ」と叫んで家に帰った後、「自分はダメだ」と自分を責めているんじゃないの？

これもそうだと言う。

「そうか。辛い思いをしてるんだなあ。でも、そう思う必要はないんだよ」と話しかけた。

次に、昨年の様子を聞いた。昨年も最初は頑張って、全部の学校生活をこなしていたという。

そんなに頑張ってたら、途中で息切れしたんじゃない？

こう聞くと、「6月で切れた」と話す。「そうだろう」と同意しながら、ここから提案に入る。

「頑張るところまで頑張って、そこで終わり」というのと、「少しずつでも頑張るのを続けていく」のと、どちらが良い方法だと思う？

彼は、「続けていく方」だと即答した。これで、少しずつ頑張っていくという方針は決まった。次に、1日の何時間を学校で過ごすかについて相談した。無理がないのは2時間だと言う。これも原則として適用し、日によって1時間の日や3時間の日があってもいいことも決めた。

1週間で一番疲れるのは何曜日ですか？

これも即答だった。月曜日だという。「リズムが狂う」と理由も言えた。家庭の協力も必要だ。

でも、月曜日を休むと、次の火曜日がしんどくないですか？

そうやって、どんどん疲れる日が続いていくという。

毎日行かないといけないと思うと、しんどいでしょう。もし、途中で休んでいい日があったら、頑張れるかな？

「それだったら、頑張れる！」驚くほど力強い声だった。

この先、ずっと行かなくてはいけない。そう思うことが、ストレスだったことがわかった。

これで、1週間のうちに、休む日を入れることが決まった。

4　何のために学校に来るのか

不登校傾向の子に、積極的に休む日を作ることを提案した。

提案は受け入れられたものの、休むことに罪悪感を感じていたのでは意味がない。

そこで、なぜ休むのかを伝える必要があると考えた。

最初に、なぜ学校に来なくてはいけないのかを聞いてみた。

「勉強ができるようになるため」と言う。そして、顔をしかめて、続けざまにこう話した。

「ぼくは、学校に行っていないから、勉強がわからなくなっているんだ。だからダメなんだ」

こういう子に、勉強を中心に考えさせると、減点方式の思考になってしまう。


残念ながら勉強は一番の理由ではありません。

こう言うと、本当にビックリしていた。そして、その理由に興味をもち始めたのがわかった。

一つは、子どもには学校に来れるという権利があるのです。だから、悪いことをしても小学校に来てはいけないとはならないのです。反省すれば許してくれますよね。

ここで、その子の口から「義務教育ってこと」という言葉が出た。

その義務は、お父君お母君にあるのです。お家の人は「子どもを学校に行かせなさい」という義務があるのです。

だから、お家の人は、「行きなさい」って言うでしょ。それは、義務だから当たり前のことなのです。

そうなると、「お母君が無理矢理行けって言うのが悪い」という意見はおかしいですね。


その子は、この話に納得していた。ちなみに、「お母君のせい」というのは、この子の口癖である。

5　もう一つの学校に行く理由

権利と義務の話の後、もう一つの大事なことについて話をした。


山本君は将来、大人になったら仕事をしますね。

その時に大事なのは、毎日、休まずに仕事に行って働く体力があるということです。

それがないと仕事ができない。仕事ができないと生きていけません。

その体力をつけるためには、子どもの頃から練習しておかないといけないのだそうです。

朝起きて家を出て、夕方まで外で生活する習慣をつけておく必要があります。その練習をするのは、どこですか?


彼は、「あ、学校だ!」と目を見開いて答えた。

だから、学校は年齢が上がるとともに、学校にいる時間が長くなっていくことを説明した。

つまり、体力をつけるためには、少しずつ学校にいる時間を長くしていけばいいということになりますね。

たとえ、学校に来て嫌になって帰ったとしても、それは意味があることです。

ちゃんと服を着替える、登校する、これは体力作りにはとても大切なことです。

だから、嫌になった時は、「嫌だ」と叫ぶのではなく、「先生、今日はしんどいので、家で勉強します」と言えばいいのです。


そう言うと、胸をなで下ろして安心した表情を見せていた。

そして、休む日をいつにするかを相談した。

キーワードは、「続けて来れる体力をつける」こと。

そこで、水曜日を休む日とし、「月火」と「木金」を連続してくる日に設定し、体力をつけていく練習を進めることにした。

月曜日はしんどくなることが予想されるので、当面は、登校するだけでも合格とした。

また、水曜日は元気でも、頑張って休む日にすることにした。

もちろん、行事や給食メニューなどで、休む日は変えてもいい。その場合は相談することを、前もって決めておいた。

この取り組みを初めて、少しずつ変化が表れた。この子の表情がとても柔らかくなった。

約1年間の取り組みで、この子の登校日数は爆発的に増えた。

修学旅行も全部の行程を参加し、卒業式にも出席した。

そして、小学校生活を振り返ってという作文で、「感情をコントロールできるようになった」「すごく成長した」と述べていた。積極的に休むという方法で、彼は逆に登校できるようになっていったのだ。

第4章

発達障がいの子がいるクラスで授業を成立させる【授業成立の条件】

① 4月に何を教えるか――最初に行う集団への指導

国語の授業が始まったら漢字スキルを始めるというシステムを作ることにする。

そのシステムを作るためには、何が必要か。


教えて、ほめること。


では、「教えてほめる」とは、具体的にどのような指導を行うことなのか。考えてもらいたい。

まず、最初の指導で、どういう手順で、どれだけやるのか。終わったらどうするのかというやり方を教える。

次に、何分ぐらいでやるのかという目安を示す。そして、時間が来たら途中でも終了することを告げる。

ここまでが「教える」段階である。

次に、ほめる指導。

授業の最初に、次のように聞く。


チャイムがなった時、机の上に漢字スキルの用意ができていた人？　さすがです。


これを毎日、続ける。どのくらい続けるか。

最低でも1か月は続ける。毎日、続ける。しかし、少しずつ変化させる。

すごいなあ、もう漢字練習を始めている人がいる。

とほめるのである。

算数の時間なら、「ノートに日付を書いている人？」と聞いてほめる。

さらに、「もう日付を書いている人がいる」と変化させていく。

こうやって、システムを作っていく。

システムは、ほめないと絶対にできない。例えば、遅れて教室に入ってきた子がいる。これを叱ってもシステムはできない。

こういう時は、その子が全部練習を終えていない段階で終了し、残りは休み時間や放課後にやらせればいい。

叱らずに、最初に教えた内容を使うのである。

その時は、もちろん穏やかな表情で対応する。感情を入れると、システムで動かすのではなく、教師が動かすことになってしまうからだ。

そして、次の時間に遅れないように意識していたら、それをほめることを忘れてはいけない。

また、遅れたとしても、急いで追いつこうという姿が見られたら、それをほめる。

うまくいかない時こそ、実は、システムを作るチャンスなのである。

このシステムが増えていけば増えていくほど子どもは安定していく。

だから、私はその子が自分でできるシステムを増やしていくことを心がけている。

②授業安定の秘訣は個別に対応しなくても良い状態を創ること

対応しなくてもいい状態が理想

授業を安定させるために、いつも意識していることは何か。

いちいちその子に対応しなくてもいいようなシステムをできるだけ早く作ること。

ここを勘違いしている人が多い。発達障がいの子を

**教師の対応で動かすのではなく
システムで動かすようにすることだ**

つまり、いちいち「教科書を開きなさい」などと言わなくてもいいように、システムを作るのである。

システムで動かすと何がいいのか?

「教師が叱らなくていい」

これが目的ではない。ここも勘違いしている人が多い。

目的は次のことだ。


集団の中で、発達障がいの子が、望ましい行動をするようになる。

これがもっとも大切な目的なのである。これは、家庭や医療現場ではなかなかできない。

学校だからできることである。

そして、その子の将来の自立に向けて、もっとも必要なことでもある。

教師側の視点ではなく、子ども側の視点で考えれば、こちらが感情的になることも減っていく。

1 システムで子どもを動かす

漢字スキルを始めて、しばらくたった時、子どもたちに次のように聞いた。

チャイムがなって、何分ぐらい練習の時間が必要ですか。


子どもたちは、3分や4分などと短めに言う。すごいなあとほめつつ、少し長めに5分程度とることにする。

その上で、チャイムがなって5分たったら、途中でもスキルの学習をやめて、チェックの時間にすることを確認する。

チェックは、空中に漢字を書く「空書き」で行う。教室を真ん中で半分に分けて、お互い見合う形で行う。

この形で行えば、覚えたかどうか一目瞭然である。

ここまでが、システムである。

大切なポイントは2つある。

①時間が来たら途中でも区切る。
②チェックがある。

時間が決まっているので、遅れないように授業の最初から取り組もうとする。

また、最後にチェックがあるので、頑張って取り組もうとする。

また、空書きのチェックで間違えてもいちいち詰めない。

これを教師の前でやらせるのなら、間違えてOKにするわけにはいかないが、友達同士でやらせる時には、緩やかな中で行えばいい。

このようなチェックがあるから、子どもは取り組むようになる。

チェックの時間は、決められているのが良い。いきなりやるから、反抗されるのである。固定していれば、それがシステムになる。

例えば、次のような方法も考えられる。

帰る前に、宿題を出したという教師の印を押してもらった人だけ、帰ることができる。

こうなっていれば、やっていない子どもにいちいち注意する必要がなくなる。

システムであれば、やっていない子にも、「頑張ってね」と笑顔で言える。

これは、宿題だけでなく、何にだって活用できる。

何をどのようにチェックしていくのかは、学校やクラスの実態に合わせて行えばいいだろう。

教師の指示からシステムで動かすことに変えるだけで、子どもの反抗はかなり減っていく。

2　システムだからキレない

理科の実験が終わり、班ごとに片付けのチェックを受ける。

「きれいにぞうきんが、かかっていないのでやり直しです」と言うと、「なんでだ！」とキレてしまう子がいた。

これが、次のような言い方だとどうだろうか。

このぞうきんのかけ方じゃ、合格させてあげられないなぁ。

このような言い方をすると、その子もキレることはなかった。

「ぞうきんが、きちんとかかっていないからやり直し」という中身は同じである。いったい、なぜこのような違いが出てくるのだろうか。

それは、最初の言葉は「先生が基準」なのに対し、後半の言葉は「システムが基準」になっているからである。

システムがあるからキレない。システムがあるから、納得するのだ。

システムができあがれば、不適応な行動が出ても、このような対応が可能になっていく。

3　忘れ物と時間の管理

授業に取り組めないという子の多くが、授業の内容ではなく、授業以前の問題でつまずいていることが多い。

例えば、忘れ物。

赤鉛筆を忘れた子は、ずっとそれが見つかるまで探そうとしている。机の中や筆箱の中はぐっちゃぐちゃ。

そんな中で見つかるはずもない。

しかし、こだわりがあるので、いったん探し出すと意地でも見つけようとする。

その間に、授業は次に進んでしまう。

だから、内容はわからなくなり、見つからないことと授業についていけなくなることで、イライラが募ってくる。

そして、授業に取り組めなくなっていく。

だから、忘れ物をした時に、どうするかを教えておかなくてはいけない。

広汎性発達障がいの子の特質を学んだ教師は、「『忘れたので貸してください』と言うんですよ」と教えるだろう。

私は、もう一歩突っ込んで行う。


忘れた時に、先生に言うことの価値を教える。

例えば、次のように話す。


大事なことは、今やっているお勉強に取り組むということです。

では、自分で見つかるまで探すのと、少し探して見つからない時に、先生に言って貸してもらうのとどちらが良い行動ですか？


さらに、「先生に言う」と答えたその時に、その理由を言わせる。

「遅れるから、先生に借りる方がいい」と自分の口から言わせることで、その行動を強化させる。理由を言った時に、大いにほめれば、さらに効果は倍増する。

③子どもは動かすことで安定する

1　ドーパミンを出す指導

「全員起立、書いた人は座りなさい」

「できた人は持ってきなさい」

このように、作業を伴う活動が、ＡＤＨＤの子には必要だ。

脳科学者の平山諭氏は、「授業中に簡単な体操をしたり、教室を歩かせるようなことも効果がある」と言っている。

動きを伴う作業は、脳内に足りないドーパミン（神経伝達物質。喜びや快楽などの感情、運動調節にかかわっている）を出すことになるという。よく教室を動き回る子どもは、体がドーパミンをほしがっているのだ。

ただ、できれば単に歩き回るのではなく、算数の学習とリンクさせた内容でドーパミンを出させたい。

私はこのようにする。

「今から、友達のノートを自由に見てまわります。どんなところがよかったか後で発表してもらいますね」

こういって、教室を歩き回らせればいいのだ。これは、張りきって行う。「小野君のノートは、ミニ定規を使っていてきれい」

「赤木さんのノートはゆったり書いていて、とても見やすい」

このように、大事なポイントを挙げて発表するようになる。

この指導は、とても効果がある。

発表する事でほめられるし、発表することによって、自分の行動も強化される。さらに、友達のいいことを発表するのだから、周りの友達に認められるようになる。

ノート指導をしながら、実は同時にドーパミンを出させているのだ。

この指導は、何度行ってもいい。

最初の頃は、単元の中で必ず1回は行うようにした。

4年生の時、1年間でたった4ページだったA君のノートは、5年生で年間10冊を越えた。

キーワードを言わせ、ほめる事で、「ノートをとる」という行動を強化していく。

④発達障がいの子役から見た「良い授業と悪い授業」

1　子役だからわかること

発達障がいの生徒の役（以下、子役）がいる模擬授業が、全国で話題になっている。

その際、大切なのは子役の質である。

子役ができるかどうかは、いくつかの条件がある。

まず、「発達障がいの特性を理解していること」があげられる。様々なタイプの子と接した経験がなければとてもできない。

また、学年に応じた演技も必要である。

1年生と6年生では、全く症状の出方が違ってくる。これが思っている以上に難しいのである。

以上の2つが最低条件である。

私は、子役を務めるようになって、もう8年ほどたつ。子役として受けた模擬授業の数は、数百にのぼる。その経験の中で、子役をしてはっきりと気がついたことがいくつかある。

授業には、上手・下手がはっきりと存在するということ。

これは、はっきりとわかる。別の言葉で言い換えればこうである。

授業を受けていて心地良いと感じるか、面倒くさいと感じるか。

同じ展開の授業を、同じ言葉で受けても、教師によって全く違うのである。心地良いというのは、「話し方」であったり、「声のトーン」であったり、スピードであったりする。心地良いと感じれば、不思議とやる気になっていく。逆に、面倒くさいと感じれば、やる気はなくなっていく。

役をやっていてもそうなのだから、実際の子どもたちは、もっとダイレクトに感じていることだろう。では、面倒くさいと感じてしまうのは、どのような場合か。詳しく述べてみる。

2　ダメな授業の共通点

面倒くさいと感じる授業には、共通点がある。

声が弱々しい。

はっきりと聞こえない。もぞもぞと何を言っているのかわからない。

このような声だと、わざわざ頑張って聞こうとしないと聞き取れない。これは、教師が思っている以上に疲れるのだ。

良い授業は、勝手に耳に飛び込んでくる感じがする。

言葉が長い。

指示の言葉、説明の言葉が長くなればなるほど、授業はわからなくなる。

発達障がいの子は、使えるワーキングメモリーが少ない。だから、一度に多くのことを言われても理解できない。

これも、子どもと同じ立場に立って、やってみればわかる。言葉が長いだけで、どれだけ負担が大きいか。

心地良いと感じる教師は、例外なく言葉が短い。短いセンテンスで区切って、テンポ良く指示・説明を行っている。

一文一文で区切るのは、絶対条件である。

余分な言葉が多い。

話を始める前に、必ず「え〜」とか「あ〜」とか余分な言葉が入る教師がいる。これも、集中できない。他にも、癖のある言い回しなども思考の邪魔になる。

話すスピードがゆっくり。


ゆっくり話せば、わかりやすいと勘違いしている人がいる。これは、全くの間違いである。

子役になって聞いてみれば、すぐにわかる。言葉には、聞き取りやすいスピードというものがあるのだ。

初めて聞く言葉ならゆっくり話してほしいが、知っている言葉をゆっくり言われると苦痛でしかない。

話すスピードが速いのとゆっくりなのとを比べるなら、圧倒的にゆっくりな方が聞きにくい。


語尾が明確でない。


日本語は、最後の語尾まで聞かないと意味が確定できない言語である。

その語尾がはっきりしないのだから、何を言っているのかがわからなくなるのは当然だ。

3　言葉があいまいだと全くわからない

教師の言葉があいまいな時には、全く何を言っているのかがわからなくなる。

特に、教師の指示がぶれるときが困る。

どう思いましたか？
↓
どんなふうに感じましたか？

このような言葉の変換をされると、もうついていけない。

教師にとっては些細な言葉の違いであっても、子どもにとっては大きな問題となる。

向山洋一氏が主張する、教師の指示の言葉は一文字たりともぶれてはいけないということが、子役をすると本当によくわかる。

言葉は、明確な上にも明確でなければならない。

なぜ、子役をするとこのようなことを感じるのだろうか。

研究授業や模擬授業を見ている時、私たちはどんな視点で見ているだろうか。

「自分が指導するなら」とか、「この指導はいいのか」といった「教師側の視点」に立って見ているのである。

しかし、子役の場合は違う。役を演じることで、授業を受ける側、つまり子ども側の視点で授業を見ていることになる。

だから、心地良いものは心地良いし、面倒くさいものは面倒くさいと感じるのだ。

子役をすると、教師のＮＧ指導が本当によく見える。

4　何気ない教師の行為がＮＧ行動になる

子役として授業を受けていると、教師には本当に癖があることがわかる。

それらの癖が、どのような影響を及ぼしているかを考えてみる。

①話している時、手が動いている人。

よく見かけるのが、人差し指を出してリズムをとるように話している教師である。

その手は腰のあたりで動いていることが多い。これが本当に邪魔になる。

子役なので、座って授業を受けている。

ちょうど目の前で、授業者の指が動いているのだ。これは気になってしようがない。

もし、これが衝動性のある子だったらどうであろうか。

目の前で刺激が繰り返されるのであるから、思考の邪魔になるのは当然だ。

②教師の首からかけている名札。

最近よく使われている教師の名札に、首からぶらさげるタイプのものがある。

立って授業している時には気にならないが、グループ学習などで子どもの意見を聞こうと寄っていった時に名札はどうなっているだろうか。

ちょうど子どもの目線のあたりで、ぶらぶらと動いているのである。

公開発表などで、本当によく見かける。

これも子ども目線に立っていないのだから気づかないのである。

③教師が出す余分な音。

教師が出す音が、発達障がいの子を混乱させていることは少なくない。

一番多いのは、スリッパで授業をしている教師である。歩くとパタパタと音がする。

この音が気になってしようがないと、実際に訴えた子がいるのだ。これも子どもの目線になればよく理解できる。

机を手でコツコツと叩きながら授業する教師も多い。これもいったん気になったら、もう他のことには気が回らなくなる。

また、何か作業をさせる時、安易にカウントダウンを始める教師もいる。

あと10秒です。10、9、8、7……3、2、1!

集合させる時ならまだわかるが、計算をしている時に言われるとどうだろうか。

頭の中で必死に計算を考えている時に、数字を言われるのだから、邪魔でしかない。

計算でなくても、思考をしている時に「10、9……」とやられると、混乱するのは当たり前である。

これらは、全て教師の行為が子どもを混乱させているのである。

子役をすると、何気ない教師の行為にいかにNG指導が多いのかがよくわかる。

ぜひ一度、子役付きの模擬授業を経験していただきたい。

⑤失敗や間違いがほめられる授業を仕組む

1 向山型算数では、間違いがほめられる場面が生じる

向山型算数では、間違えたら×をつける。そのことが当たり前になってくると、×をつけるテンポも早くなる。さっと×をつけて、すぐにやり直しにうつる。

子どもたちは、「間違えたら直せば良い」と思っているので、書き始めも早くなる。
この考え方が、子どもたちに自然に定着していくのが、向山型算数の凄さなのである。

問題を間違えること。
＝
やり直せばいいので構わない。
＝
失敗ではない。

つまり、学習そのものが「エラーレスラーニング」になっているのである。
できない子ができるようになっていくはずである。

2　エラーレスラーニングになっていく仕組み

向山型算数をエラーレスラーニングという視点で見ていくと、そのシステムの凄さに驚愕する。
まず、①「間違えたら×をつけさせること」があげられる。
これは、次の指導がセットになっていることが前提である。

×をつけた子を賞賛する。

×をつけて、何度もやり直す人ができるようになっていくことを、くり返しくり返し子どもたちに語っていく。

そのことで、間違えることが、「失敗」ではなくなるのである。

次に、②「写す」システムである。

向山型算数では。「写す」ことを奨励する。たとえできなくても、最後に写すことができる。だから、わからない問題にも挑戦してみようという気になる。

さらに、次の魔法の言葉がある。

間違えたら「直しなさい」。
わからない問題は、「写しなさい」。
写すのも大事なお勉強です。
いちばんいけないのは、ノートに何も書かないことです。

「写すことの良さ」「何もしないことがいけない」という価値づけがなされている。

向山氏の授業CDの中では、子どもから「もう覚えちゃった」という言葉が出てくる。

向山氏がそれを何度も繰り返し言っていることがわかる。だから、写すことに抵抗がなくなる。

子どもたちの中では、次のような思考になっていくのだろう。

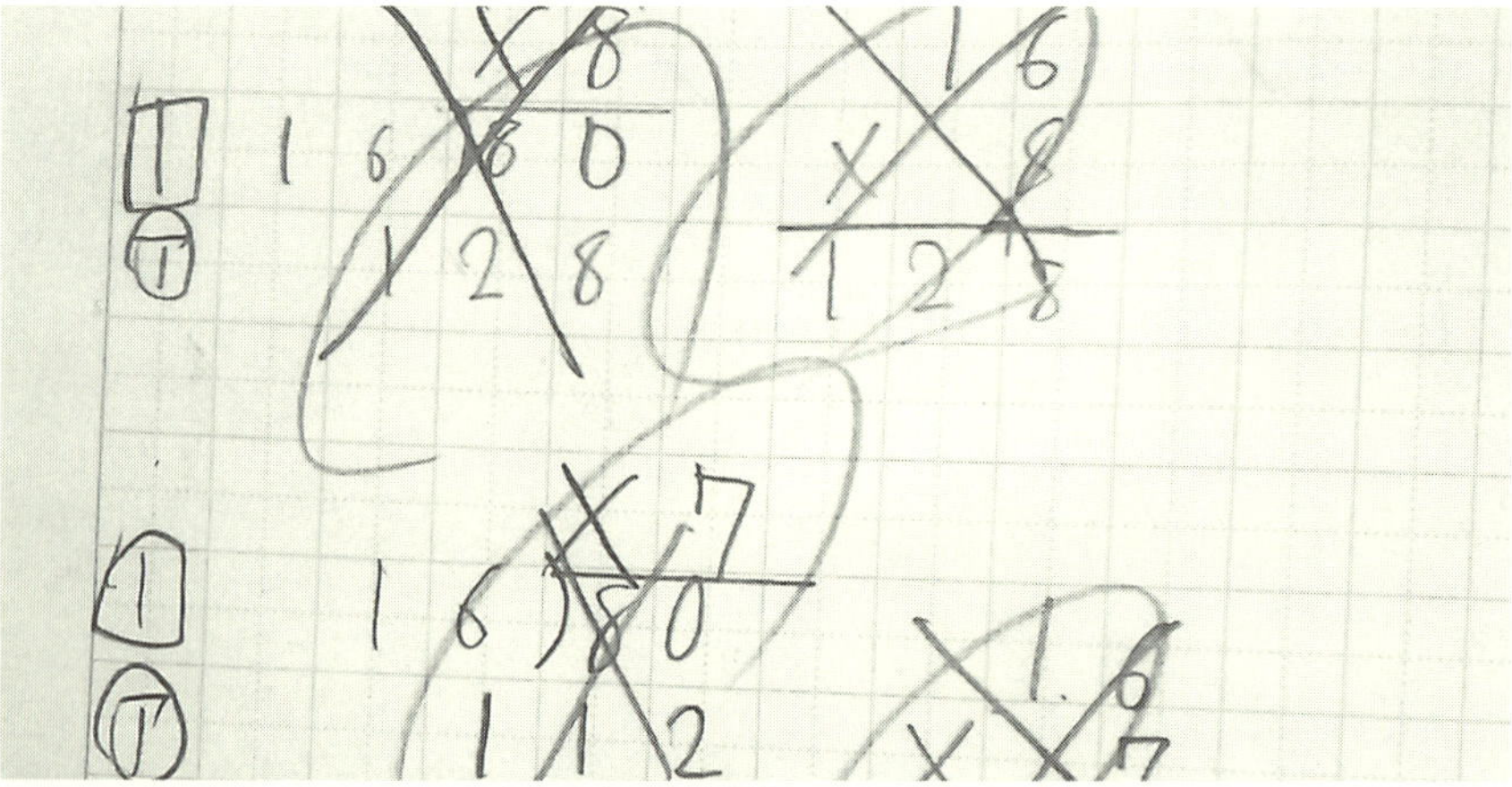

×をつけてやり直したノート。×をつけたことを評価し、○をつける

①間違えること→写すこと。
＝
成功体験
②何もしないこと。
＝
失敗体験

算数の学習自体が、エラーレスラーニングになっていくのである。そして、さらに、間違えた問題をやり直す「向山式チェックシステム」の存在がこれを強化する。

自閉症グループの子にとって、間違いは非常に影響が強い。

そのような子が、取り組めるようになる向山型算数には、このような仕組みがあるのである。

3 間違いをどうするか

算数の時間、こだわりのある子が黒板に答えを板書した。

しかし、黒板に書いた答えが間違っていた。式も計算もあっていた。しかし、答えの単位の書き方が違っていた。

4㎝の「㎝」を4と同じ大きさで書いていたのである。

単位は小さく書かなければいけない。だから、これは当然×となる。しかし、問題は、書いたのがこだわりのある子だということ。

板書した3人の子の中で、この子だけが×をつけられるのだ。

ひょっとすると、キレてしまうかもしれない。どうするか。

私は、このような時には、次のように子どもたちに問う。


3人の中で、1人だけ間違った書き方があります。これがわかる人が、算数がよくできるようになる人なのです。


このように言うと、全員が黒板を必死に探し始めた。

私の表情は笑顔である。しかも、謎解きをするようなワクワクした笑顔だ。その教師の態度が、子どもたちに伝播していくのだ。

そのうちに、あちこちで声があがり始めた。そこで、おとなり同士で相談させた。

こだわりのある子も、自分の間違いに気づいたようだった。

しかし、キレるそぶりは全くなかった。私は、全員に次のように聞いた。


誰の答えが、違うのですか。


多くの子が、突き刺すように手をあげる。間違えたその子も手をあげていた。

私は、間違えた本人に答えさせた。力強い声で、「ぼくです」と答えが返ってきた。私も力強く、「その通り！」と答えた。

「ぼくです」と答えるその子の誇らしげな姿を想像してもらいたい。なんといとおしく、ほほえましいことか。

さらに、私は続けた。

全員起立。A君の答えのどこが間違っているのか、わかったら座りなさい。

ここでも、最初の言葉を続ける。

これがわかる人が、算数がよくできるようになる人なのです。

こだわりがある子はというと、一番に座って、「あそこなんだよなあ」と周りの子と話している。

4 もう一歩の詰め

A君の答えの間違いを全員で確認した後、次のように話した。

自分のノートを見てごらんなさい。間違えて書いている人はいませんか。間違えていたら直しなさい。

自分のノートを確認させる。もう一歩の詰めである。
そして、あっていた人には、時間調整のために花丸を書かせた。
私は、ここでは終わらない。さらに、もう一歩の詰めを行う。

あっていた人？（子どもが手をあげる）はい、立派です。
間違っていたけど、ちゃんと直せた人？（手をあげる）
はい、こういう人が勉強できるようになっていく。

A君も堂々と手をあげていた。そして、最後にこう付け加える。

こういう間違いがあると、とっても良い勉強になりますね。

このようなもう一歩の詰めがあるから、こだわりのある子も間違いを気にしなくなっていく。

この実践の元になっているのは、もちろん向山実践である。

子どもの間違いを使って指導する。言葉にすれば、簡単であるが、大変な子、キレる子を相手にして、なかなかできることではない。

私ができるようになったのは、担任のなり手のいない大変な子を指導し始めてからである。

間違いから学ぶ。これは算数や国語といった教科だけのことではない。向山氏は、ありとあらゆる場面でそうしていたのではないかと推測する。

向山型指導は、それを指導する教師の生き方まで問うている。

⑥授業開始の30秒で子どもが安定するかどうかは決まる

1　授業の始まりを同じにする

授業をパターン化することで、発達障がいの子に「安定」をもたらすことができる。

なぜなら、「次に何をするのか」「何をどこまでするのか」という見通しがもてるからである。

見通しをもたせるということは、パニックを防ぐために行うと勘違いしている教師が多い。私は少し感覚が違う。

やることがわかるので、努力が可能になる。本人が努力のできる状態を作る。

このような感覚の方が強い。

つまり、教師の指示ではなく、自分から学習に取り組める状態を作ることを目的としている。

例えば、漢字スキルの指導であれば、次のようなステップで指導を行っていく。

①国語の授業の最初に行うことを教える。学習の手順を教え、できたらほめる。
②次から、国語の時間の最初に、漢字スキルができていた子をほめる。
③チャイムがなったら、自分で始めてもいいことを告げ、始めていたらほめる。

このようにして、少しずつ自分から学習に取り組む状態を作っていくのである。

焦る必要はない。教師が焦ると叱責で子どもを動かそうとするようになる。

時間がかかっても良い。ほめて動かすのである。

そして、「自分から取り組めた」という状態を作ってから、今までの努力や上達を振り返らせて成長を実感させる。

これは、本当に効果がある。具体的な伸びの事実があるので、成長を実感できる。

結果、セルフエスティーム（自己肯定感）を高めることになる。そして、望ましい行動を安定して続けることができるようになっていく。

広汎性発達障がいの子への指導を考えるとき、理解させてから行動させるよりも、正しい行動をさせて、その意味や価値を伝える方がうまくいくときが多い。

授業をパターン化させるという方法をとる時、方法だけを真似るのではなく、その先にある目指すべき姿をイメージすることが大切である。

そのことは、他の教科でも言える。社会科の地図調べを導入で行うことで、子どもたちは地図帳を開いて待つようになる。

さらに、授業の終わりでも同じである。算数では計算スキルで終わることで、授業が安定する。

これらは、どうしてなのだろうか。このことを脳科学の観点から説明している文章を見つけた。

脳科学の専門家、池谷裕二氏の文章である。

> ルーティンワーク化するということは、無意識化するということ。無意識の記憶を司る線条体が関与していると考えられます。繰り返すことで体が覚える。無意識だから苦にならない。
> （小山昇著『絶対に会社を潰さない社長の時間術』プレジデント社）

「無意識だから苦にならない」まさに、そうなのである。

いつもは、授業の始めに行う漢字スキルを、朝学習の時間に行ったことがある。

そういう時、ＡＤＨＤの子が集中できにくいという感じを漠然と受けていた。

そこで、急な変更がよくないのかなと思い、趣意説明をしてから行った。

説明に納得するので嫌がることはないのだが、それでも国語の時間に行う方が明らかに集中しているのである。そのことは、池谷氏の文を読めば納得できる。

朝学習では、無意識化している状態ではない。逆に、意識した中で行われていることになる。

それが、集中できにくい状態を作っていたのではないかと考えられる。国語の時間であれば、それが当たり前になっているのだから、苦にならない。

これが、いつも朝学習で行うことになっていれば、そちらの方が無意識化した状態で学習できる環境になる。

漢字というどちらかと言えば、忍耐を伴う学習だけに、その影響が出やすかったのであろう。

2　ルーティンワーク化するために何が必要か

ルーティンワーク化するというのは、池谷氏の言葉で言えば、「繰り返すことで体が覚えた」状態である。

そうなるために何が必要なのか。これは、一つしかない。


ほめること。

である。では、何をほめるのか。

最初は頑張って取り組んでいることをほめる。

次に、言われなくても自分から用意して始めたことをほめる。

そして、時間通りに始められたことをほめる。

さらに、そのことが一定期間継続できたことをほめる。

これらのことを教師が意識して、行っているからルーティンワーク化が可能なのである。

その時々の努力を変化を、教師は見て取ってほめる。それこそが、向山型である

3　締め切りを決める大切さ

「何時までにこの仕事を終わらせる」といった明確な目標がある時、締め切り前になると集中する。このことも池谷氏は、脳科学の観点からこう述べている。

締め切り前に集中できるのも一種のルーティン化。（前掲書）

このことから、私たちが何を学ばなければならないのか。それは、

時間を区切る。


ということだ。

漢字スキルの学習であれば、みんなができるようになるまで待つのはよくないのである。

時間が来たら区切る。だから集中できるのだ。

また、そのことで時間までに終わらせようと、始まりも早くなる。

そして、そのことをほめることで、さらに習慣化されていく。

このように、発達障がいの子にルーティンワーク化できることを増やしていくことが、私たちの大切な仕事だと考えている。

向山型は教えない、説明しない。それは、多くのルーティンワークによって支えられている。

第5章

LD・学力が低い子に学力を保障する【学力保障】

①「視写力調査」でわかった！　学力は視写力に比例する

1　全校で視写力調査を行う

全校で視写力調査を行った。10分間で何文字の視写ができるかということを調べた調査である。２年生から６年生まで、約８００人の大がかりの調査となった。

調査に使ったのは、「うつしまるくん」（光村教育図書）の10分間スピードチェックのページである。

勤務校では３、４、５年生が採用している。２、６年は、そのページをコピーさせてもらい実施することにした。

視写の調査は、４月の教材採択委員会で行うことが決定した。

毎年、採用していた３、４年生の他に、５年生からも採用の希望が出た。しかし、その希望に対して、他の学年からこのような意見が出た。

５年生が採用すると、６年生よりも教材費が高くなり、全体のバランスがとれなくなる。

岡山市では、全体の費用について、かなり厳しく言われる。

そこで、私が、視写の効果について意見を言った。

勉強が苦手な子の多くは、視写の力があまりありません。

それは、脳の中に一時的に情報を留めておく「ワーキングメモリ」に問題があるからです。

発達障がいの子も含めて、このワーキングメモリの力が非常に弱いのです。この力が弱いと、黒板をノートに写す時も、一度にまとまった情報を写せません。だから、非常に時間がかかるのです。

視写をするということは、この力を鍛えているのと同じことになります。

しかも、この教材には、視写の力を測ることができるページがあります。これを使えば、個々の力がはっきりわかります。私はいつもデータをとっています。このようなデータがないと、具体的に指導するのは難しいです。


この後、校長も「視写の大切さ」「効果があったかどうかを検証すること」について話した。

そこで、「一度、全体で調査を行ってみましょう」と、その場ですぐに提案し、実施が決まった。

2 数値が効果を証明した

全校調査の結果を分析した。調査の基準は、熊本県海浦小学校の必達目標の数値を使った。学年×60文字が基準となる。2年生であれば120文字、6年生であれば360文字である。

この基準をもとにして、次の項目について比較した。

①6割未満の子の割合	
2年生	8・1%
3年生	8・3%
4年生	11・7%
5年生	17・2%
6年生	5・9%

②9割以上の子の割合	
2年生	77・7%
3年生	63・2%
4年生	58・3%
5年生	49・3%
6年生	59・0%

学年が上がるにつれて基準の文字数は上がっていく。だんだん難しくなっていくので、できない子の割合はどうしても増えていく。

しかし、6年生だけ数値が極端に下がっている。これは、できない子が少ないことを表している。

今度は、できる子の割合である。

6年生　59・0%　これもだんだん達成は難しくなるので、割合は少なくなっていく。

しかし、6年生だけ数値が大幅に上がっている。できる子が多いということである。

なぜ、6年生だけが成績がいいのだろうか。この学年がもともと成績が良いということはない。

この学年だけ「うつしまるくん」を使って2年間学習した。

「うつしまるくん」を使うと、1学期で約16回、1年で約50回の視写を行うことになる。

つまり、6年生は5年生のときから2年間で約100回の視写を行っている計算になる。採用していない学年より力がつくのは、当然の結果と言えよう。全校調査をすることで、「うつしまるくん」の効果が、数値にはっきりと表れた。

3　ワーキングメモリの向上は学力向上につながる

今までに担当した低学力の子、特にＬＤが疑われる子は、みな視写力が極端に弱かった。

それがはっきりとわかったのは、「うつしまるくん」の10分間スピードチェックである。熊本県・海浦小学校の必達目標の研究をもとに、自分のクラスで10分間の調査を行ってきた。

ある年に担任した3年生の男の子は、いつもテストで10点、20点だった。

音読は文節で区切って読むことができない。この子の視写力を調査してみると、10分間で１００文字を大きく下回っていた。

10分間に１００文字いかないということは、１分間で10文字を写せないということである。

私は学校に行きました。（11文字）

この文が1分間で写せないのだ。近くにあるお手本の文でこうなのだから、黒板の文字が写せるはずがない。

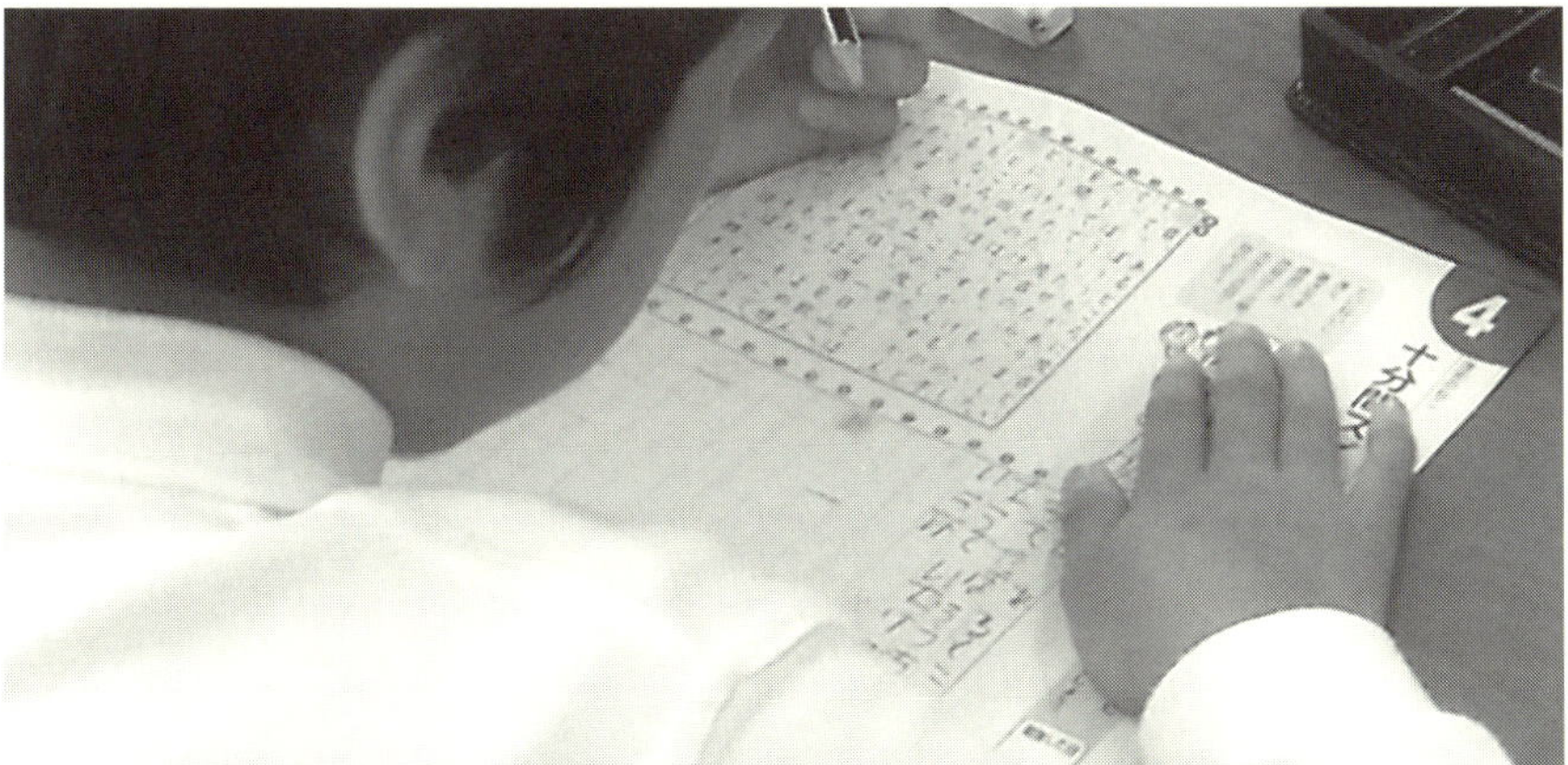

お手本を10分間でどれだけ写せるかを調べる

黒板を写すというのは、学習参加の基礎となることである。このような子が何の支援もないまま学習に取り組んでいては、ついていけなくなるのは当たり前だろう。

しかし、日本の教育界には、このような子どもの状態を客観的に測るという概念がなかった。当然、その方法もなかった。その意味で、視写教材「うつしまるくん」の功績は非常に大きい。

この子は、「うつしまるくん」を中心にトレーニングを重ね、1年後には180字程度書けるようになった。それに比例するように、市販テストの結果も上昇していった。

他に取り組んだのは、「詩文の暗唱」「五色百人一首」「ペーパーチャレラン」である。どれも東京教育技術研究所から購入できる。これらに毎日取り組んだ。

そして、学年で一番勉強ができないと言われていた子が、市販テストで70点、80点をとるようになったのである。

②音読では「覚えたから見ないで言う」という子を許してはいけない

1　音読と暗唱どちらが難しいか

音読と暗唱とは、どちらが難しいだろうか。

それを考えるとき、教室で一番勉強のできない子を思い浮かべてほしい。教科書の読みがたどたどしく、一字一字を拾って読むような子がいる。高学年になってもこのような子がいる。

そのような子がいるクラスで、ずっと暗唱を行ってきた。

すると、教科書が読めない子が、何度か練習するうちに、暗唱ですらすらと唱えることができるようになるのだ。これは、なぜだろうか?

2 脳の回路を意識した指導が必要

学習を「脳の回路」という視点で考えると見えなかったことが見えてくる。

大ざっぱにいって、学習の際の脳への入力には、2種類ある。「視覚入力」と「聴覚入力」である。

そして、同じように出力には2種類ある。「音声での出力」と「書くことでの出力」である。

①「視覚入力」↓「脳」↓「音声での出力」
②「視覚入力」↓「脳」↓「書くことでの出力」
③「聴覚入力」↓「脳」↓「音声での出力」
④「聴覚入力」↓「脳」↓「書くことでの出力」

それぞれの「入力↓脳↓出力」が、何の学習にあたるかを考えてみよう。

②は、「視写」である。
③は、「会話」。授業中の問答もこれにあたる。
④は、「聴写」である。簡単に言うとメモである。

これら脳の回路を意識した学習が、ほとんど行われていないのが現状である。

例えば、次のような観点で考えてみる。

子どもたちの普段の生活の中で、多く使われているのは①～④のどれか。また、ほとんど使われていないのはどれか。

まず、「①音読、②視写、③会話」は、多く使われているのは明らかである。

しかし、一方、「④聴写」は、どんな場面で使われているのだろうか。

これは、ほとんどないのである。あったとしても、カリキュラムの中に位置づけて指導を行っている事例が、どれだけあるだろうか。学校の中で、「聴写」の指導がほとんどされていないにもかかわらず、次のことが当たり前に行われるのは、なぜなのだろうか。

聞くテスト

これは、大きな矛盾ではないだろうか。また、このように考えていくと、次のような視点も出てくる。

社会に出てよく使うのは①～④のどれだろうか。これは、③「会話」とともに「④聴写」があげられるであろう。この「聴写」の指導は、教師が意識さえすれば、取り入れることができる。

私は、クラスの中で「連絡帳を書く」ことを聴写で行っている。もちろん、低学年で最初は難しいので、「視写」とミックスさせて行うようにしている。

最初は、教師が話したことを書くように言った後でその内容を板書する。聞いてわかりにくい子は、黒板を写せばよい。

そして、それをだんだんと聴写に切り替えていくのである。

このように、脳の回路を意識することで、学習で足りないことが見えてくる。

また、その学習でのポイントも見えてくるのである。

3 「脳の回路」を意識した音読の指導

音読は、「視覚入力」→「脳」→「音声での出力」という回路を使っている。

つまり、その回路が上手く使えるようになればいいわけである。従って、次のような学習の流れが自然である。

①範読
②追い読み
③交代読み
④一人読み

まず、①の範読で正しい読み方の情報を耳から入力する。

その聴覚情報と、教科書に書かれている視覚情報とを一致させる学習をここでは行っている。

しかし、情報の入力をしているだけで、ここでは出力を行っていない。その練習が、②追い読みとなる。

教師のお手本と同じように出力する練習をするわけだから、一回一回はできるだけ少ない量で行う必要がある。

そこで、通常は一文程度を追い読みさせていく。

これが、1ページ教師が読んで、それを子どもに読ませていたのでは全く効果はない。それでは、ワーキングメモリが働かないからである。

今、お手本として聞いた読み方が記憶としてとどまっているうちに、自分が音声としてアウトプットすれば、どこが違っているのかがわかりやすい。

つまり、ワーキングメモリが働かない状態で練習しても、何の意味もないのである。

教師のお手本についてアウトプットの練習をしたからと言って、すぐに上手に読めるとは限らない。だから、他人からのチェックが必要である。そこで、③交代読みを行っていく。

最初は、教師と子ども全体とで、一文を交代して読んでいく。その後で、教室を二つに分けて交互に読む方法もあるだろう。

これは、多くの中でアウトプットさせることで、苦手意識のある子の抵抗をなくす効果がある。間違いがあれば、修正することができる。

しかし、それでも読みがあやしい子がいる。入力する時に、あやまって違う読み方で入力してしまっていることがよくある。

そこで、さらにチェックを行う。今度は、二人組で交互に読ませる。いきなり大勢の前で一人で読むのは、やはり抵抗が生じる。

だから、一人で読ませるときには、最初は少ない人数で行い、だんだんと聞く人数を増やしていく。

次は、グループで一文交代読み。そして、全体の中で一人ずつ読ませていく。

このようなステップで進めていけば、障がいのある子でも無理なく回路を鍛えていくことができる。

4　覚えて教科書を見ないで読む子

低学年の音読指導の場面を見ると、決まって次のような子がいる。

教科書の内容を覚えているので、教科書を見ずに暗唱している子。

子どもが「もう覚えちゃった」などと言うと、教師が「覚えた人は見ずに言ってもいいよ」などと言う。

これは、脳の回路で考えると良いことなのだろうか。それとも良くないことなのだろうか。

音読の回路は、「視覚入力」→「脳」→「音声での出力」であると述べた。

では、暗唱している時、脳の回路はどのように使われているのだろうか。

ここで使われているのは、「脳」→「音声での出力」だけである。つまり、暗唱しているだけでは、インプットの回路が使われていないのである。

これでは、何度声に出しても、脳は鍛えられないままである。だから、そういう時には、「教科書を見ながら読みなさい」という指導が必要になるのだ。これが、現場では逆になっていることが多い。

また、これは追い読みの時も同じである。

教師の読みは、聴覚情報である。短い文だと、その聴覚情報を繰り返すことは簡単だ。だから、教科書を見ずに、そのまま聞いた情報を繰り返している子が結構いる。

これだと、「聴覚入力」→「脳」→「音声での出力」となり、違う学習となってしまうのである。

だからこそ、そのことを教師が意識し、見て取る力が必要なのである。

5 暗唱を使って音読の回路を鍛える

音読が極端にたどたどしい子を担当することがある。

範読→追い読み→交代読みといったステップで学習させても難しい場合がある。

その時に、私が使っているのが暗唱を用いた音読指導である。

まず最初に、短い文を暗唱させる。

教科書の扉の詩でも教師が用意した詩でも良い。それを音読指導の基本ステップで練習させていく。

しかし、この子がここで音読が上達しなくても良しとする。とにかく、耳から何度も入力させる。

短い詩なので、音読が苦手な子でも暗唱することはできるようになる。

ここまでは、「聴覚入力」→「脳」の回路を鍛えてきた。

暗唱できるということは、「脳」→「音声による出力」ができる状態だということになる。

ここで、この回路に「視覚入力」を付け加える。

つまり、覚えた状態で、その詩を読ませる練習をするのである。

不思議なもので何も見ない時はスラスラと言えていたのに、お手本を見ながら言うと少したどたどしくなる。

この時が、「視覚入力」の部分を鍛えている状態なのである。

この方法で、スラスラと読める状態になるまで練習すれば音読が上達していく。

6 低学年の時期こそ回路を鍛えるチャンス

低学年の時期こそ、脳の回路を鍛えるチャンスである。

なぜなら、教科書の書き方が、他の学年とは大きく違っているからだ。

二年生の二学期までは、教科書の文章は「わかち書き」で書かれている。わかち書きになっていることで、単語のまとまりが意識できる。このまとまりを「チャンク」という。

この「チャンク」の力の形成なしに、その後の学習を進めていくことは難しい。

二年生の三学期からは、わかち書きがなくなる。

つまり、まとまりの区切りがなくなった連続した情報の中から、まとまりを取り出すことが必要となっていくことになる。

このチャンクは、読むときにも書く時にも使われる。学習にとって重要な力となる。

だからこそ、低学年のわかち書きが使われている時期に、読み・書きにもっと力を入れるべきだと考えている。

それは、ただやみくもに量だけを増やすのではない、それぞれの回路を、意識して鍛えていくということである。

発達障がいの子への指導の基本は、エラーレスラーニングである。間違ったインプットをできるだけ避けたい。

そのためには、量にまかせた指導ではなく、回路を正しく鍛える指導が必要なのである。

③漢字が書けない子への方策――書く量を減らして、ポイントを指導する

1 読めるけど書けない

子どもたちの中に、漢字学習が極端に苦手な子がいる。

新出漢字をいくら練習しても、なかなか覚えられないのだ。

この「漢字学習が苦手」と聞いて、読者のみなさんは何を想像するだろうか。


漢字が書けない。


ほとんどの人は、このように想像するだろう。

しかし、漢字には「書く」ことだけでなく、「読み」もある。

例えば、次の問題に答えてもらいたい。

【問題】次の漢字を読みなさい。
①薔薇　②檸檬　③葡萄　④痙攣　⑤憂鬱

さて、どれだけ読めるだろうか。それぞれ次のようになる。

①薔薇（ばら）②檸檬（れもん）③葡萄（ぶどう）④痙攣（けいれん）⑤憂鬱（ゆううつ）

これは難しい漢字ではあるが、かなり読める人が多いのではないだろうか。よくクイズ番組や雑誌などでも目にする漢字である。

では、次にもう一つ問題を出す。


【問題】次の漢字を書きなさい。
①ばら　②れもん　③ぶどう　④けいれん　⑤ゆううつ

これはどうだろうか。ほとんどの人がお手上げとなるだろう。

この5つの問題は、ある調査のベスト5である。それは何か。

読めるけど書けない漢字ベスト5。確かに難しい漢字だが、何度か練習すれば読むことはできる。しかし、書くことは非常に難易度が高い。

ここに、現在の漢字学習の問題が隠されている。子どもたちが経験している漢字学習と、今体験してもらったこととは、原理は同じである。

それは、「読み」と「書き」を同時に学習しているということである。

2　読み書き同習でいいのか

現在の「読み」と「書き」を同時に学習する「読み書き同習」は、1886年から始まっている。

しかし、このことに真っ向から反対した人物がいる。教育学博士の石井勲氏である。

石井氏は、漢字指導において「読み書き同習」ではなく、「読み先習」を主張した。石井氏は、そのことを多くの小学生や園児の事実で示した。

次のような学習方法の方が効果が高いというのである。

> ① 「読み」を先に教える。
> ② 何度も読んでいるうちに、漢字の形をイメージできるようになっていく。
> ③ そうなってから、漢字の「書き」を教える。
>
> （文責：小野）

この指導は、脳科学の観点から見ると非常に理にかなっている。

「読み」と「書き」では使っている脳の経路が違う。つまり、違う学習を行っているということである。これを同時に学習する必要があるのだろうか。

次に脳の機能で考えてみる。

「読む」……音韻ループ
「書く」……視空間スケッチパッド

ワーキングメモリの機能の中で、「読む」は主に音の情報、「書く」は主に視覚情報を扱う。つまり、「書く」では、漢字の形をイメージする力が必要となる。

ここで、漢字の形に着目してみる。漢字の認識には、次の手順が必要となる。

①形を認識する。
②部品にわける。
③1本1本の線に分解する。

しかし、これだけでは書くことはできない。書くためには、さらに次の力が必要となる。

④1本1本の線を再現する力。

VMI（視覚ｰ運動統合発達検査）という検査がある。これは何歳でどんな線が書けるのかという発達がわかるものである。

この発達まで達していないと、線の集まりである漢字を書くことは不可能ということになる。しかし、読むことには何の影響もない。

読み書き同習で本当にいいのだろうか。

このことは、実は１９６９年に国語審議会で大きな議論を巻き起こした。しかし、結論がつかないまま現在を迎えている。

ワーキングメモリの機能が弱い発達障がいの子にとって、現在の読み書き同習は非常にハードルが高い。

逆に、読み先習であれば、かなりの学習効果が期待できると考えている。

3　覚えるのは必ず「ゆび書き」で

特別支援が必要な子の多くは、指先がうまく動かない。それを微細運動障がいという。

専門のドクターによれば、その状態を「軍手を2枚はめた状態」と同じだと言う。

これは、体験してみればよくわかる。ぜひ、軍手を2枚はめた状態で、漢字を書いてみてもらいたい。漢字を書くことがどれだけ困難なことかがわかるだろう。

特別支援を要する子は、いつもこのような状態で漢字を書いているのである。

さて、書いている時の意識はどこに向かっているだろうか。とてもではないが、「字を覚えよう」なんていうことを思う余裕はない。

「なんとか形を整える」「マスの中に入れる」そのことで、頭の中はいっぱいであろう。

新出漢字を覚える時に、このような意識の状態では頭の中に入ってくるはずがない。

そこで、効果があるのが「ゆび書き」である。机の上に、人差し指で文字を何度も書くのである。指で書くと、軍手2枚はめていても気にならない。だから、覚えることに集中できる。

私は、「ゆび書き」で学習を進めるようになっている「漢字スキル」（光村教育図書）という教材を使っている。

この「漢字スキル」のすごいところは、覚え方に、この「ゆび書き」が入っているところだ。スキルに書いてあることで、特別支援を要する子だけでなく、全員が取り組むことになる。

　これをその子1人だけにさせようとしても、プライドがあるのでなかなか取り組もうとはしない。

　全員がやっている中だからこそ、取り組むことができるのである。

　ちなみに、このゆび書きは、特別支援を要する子だけでなく、どの子にも効果のある指導法である。

4　左ページは、細かく確認

　左の練習ページは、どうしても練習に時間がかかる。だから、集中力が続かなくなることがある。

　この時、「ちゃんとやりなさい」と注意しても効果はない。その代わりに次のようにする。

　教師が細かく確認する。こうすると集中力が続くことが多い。

　例えば、「読みがなが書けたらもってきなさい」と言って、持ってこさせる。そして、できていたら、「よし」と力強くほめる。

　1段目ができたら持ってくる。2段目ができたら持ってくる。というように、練習のきりがいいところで持ってこさせるのであ

「漢字スキル」の左ページ。1段目が終わったら2段目というように、1段ごとに進めていく

る。ずっと同じような活動が続くと、やる気は続かないが、区切りをつけることで、新しい気分で次の活動に移ることができる。

持ってこさせた時に大切なのは、「ほめる」ことである。持ってこさせるのは、確認のためだけでない。何度もほめて、やる気にさせることが、一番の目的である。

また、特別支援を要する児童には、脳内物質の「ドーパミン」が上手く流れないと言われている。これは、やる気のもとである。

このドーパミンは、体を動かすことでも脳内から分泌される。だから、立ったり座ったり、ノートを持ってきたりという活動を学習に取り入れることによって、やる気のもとが脳から出されるのである。

5 「漢字スキル」の指導をそのままやっても、できない子がいる

「漢字スキル」の指導をそのままやっても、上手くいかない子がいる。

私が担任した子は、3人ともつまずいている部分が違っていた。

最終的には、「漢字スキル」の指導をそのまま行えることをイメージして、そこに1つずつ近づけていくように指導を行った。

その結果、2人の児童はいつも100点がとれるようになった。そして、もう1人の児童は、全く書けなかった状態から、3文字程度は書けるようになった。

一度に、最終形に近づけようとしても無理が生じる。それでは頑張ろうという意欲さえ失わせてしまう。

1つずつ、1つずつ、つまずきを克服していくことが大切である。

④できる子との学力差を埋める——一斉授業で使う教師のちょっとしたワザ

1　授業の開始のシステムを作る

20分休みが終わって、授業が始まる。教室で席に座っている子もいれば、走って帰ってきている子もいる。

そんな状態で、どのように授業を開始するのか。

みんなが揃うのをじっと待って挨拶をしていては、5分も10分も授業時間に食い込んでしまう。

また、頑張って早く待っていた子が損をする。そして、遅れて入ってくる子はいつまでたっても遅いままである。

授業のはじめをシステム化しておくことで、この問題を解消することができる。

例えば、国語の授業はこのように始めていた。

1　「漢字スキル」
2　漢字ノートに練習
3　辞書引き
4　音読

これなら、教師がいなくても始められる。席に着いた子から学習を始めていた。

そのうち、チャイムと同時にほとんどの子が学習に取り組めるようになった。

他の学年でも基本的に国語の授業は、この順番で行っている。

授業の開始をシステム化すれば、子どもたちは「何をどこまでやればいいのか」という見通しが持てる。

このことは、学力の低位の子に安心感を与える。だから、やる気をもって取り組むようになる。

これが学力の向上につながり、能力差の解消になっていった。

2 待たない

時間がかかる子、準備ができていない子をできるまで待っていると、すでに課題が終了した子はすることがなくなる。そして、次第に教室にはだれた空気が漂うようになる。

必ずしも遅い子を待つ必要はない。待たないことも大切な指導である。

例えば、次のような指導があげられる。

【授業の導入で、全員が揃わなくても始める指導法】
①算数　先生問題
②算数　「百玉そろばん」
③フラッシュカード
④漢字の空書き

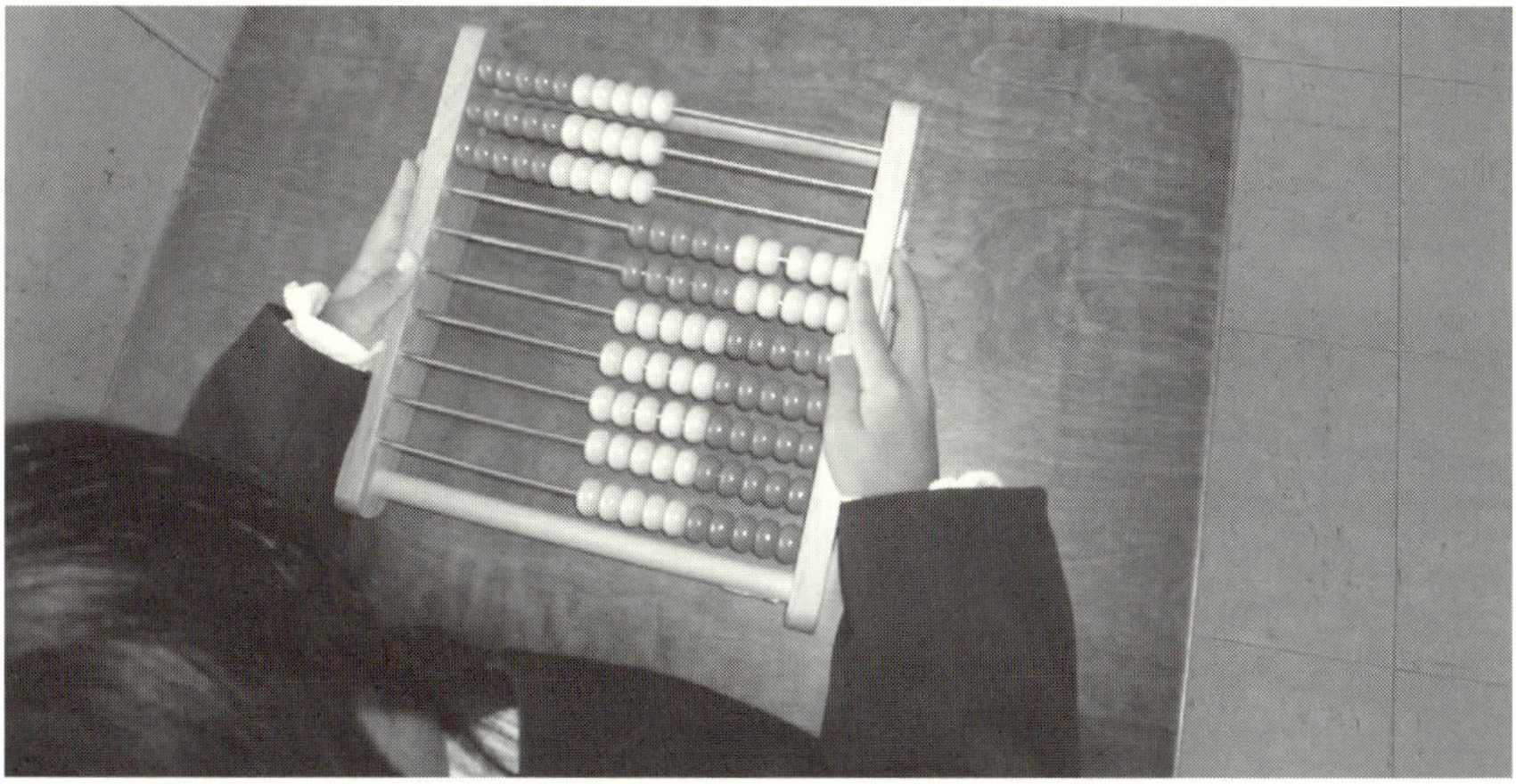

子ども用「百玉そろばん」でどの子も量概念がわかる

【待たずに次々と課題を変える指導法】
①辞書引き　②一字読解（簡単な問題を次々と出していく）

3　スモールステップで一時に一事の指導

一度にたくさんの作業をさせるから、能力差による時間差が大きくなってくる。少しずつ課題を与えていくことが、時間差をなくす指導の基本である。指示→確認→賞賛のサイクルで、次々と課題を出していく。特に1学期の間は、学習のやり方をしっかりと身に付けさせる時期。できるだけスモールステップで行っていくのが望ましい。

【スモールステップによる指導法】
①視写のさせ方
②音読の個人練習のさせ方

4　早くできた子をどうするか

早くできた子が何もすることがない状態を作ってはいけない。できた子が次にすることを常に用意しておく必要がある。例えば、算数の計算問題はこのようなシステムで行うといい。

【算数・計算問題の解かせ方】
①全部で4問の問題をさせる。
②3問目ができたら持ってこさせる。
③その間に、つまずいている子のところに行って赤鉛筆指導をする。
④持ってきた子には、3問目だけに○をする。
⑤4問ともできた子には、黒板に答えを書かせる。黒板には4問×2人で、8人書かせる。
⑥わからない子は答えを参考にしてもよい。
⑦黒板に書いた子に発表させる。
⑧4問ともできた子は、「花丸・植木鉢・チョウチョ」を書かせる。

こうすることで、どの子もいつも何かに取り組んでいる状態になる。
例えば、答えを発表している時には、子どもたちは次のような状態だと考えられる。

「読んでいる子」
「答えあわせをしている子」
「直している子」
「写している子」

早くできた子も発表を控えているため、何度も読んで練習をしている。だから、この段階でも緊張感が継続している。やることが終わったから、ボーッとしているようなことはなくなる。

このように、どの子にも対応したシステムで進めるから、時間差を解消することができるのである。

他にも、次のような指導がある。

①国語の辞書引き
探す → 線を引く → 読む → 教える
面白いものを見つける
②「計算スキル」

⑤お手本を徹底的に活用する――成功した状態を体感して初めて努力の方向性がわかる

1 「写す」ことの価値

発達障がいの子には、写すことがきわめて大切な学習となる。

なぜなら、写すことはワーキングメモリを使う訓練になるからである。その点で、「うつしまるくん」の効果は凄い。教材を採用するだけで、定期的にワーキングメモリを強化することにつながるのだ。

考えてみてほしい。通常の学校生活では、強化につながる機会はほとんどないだろう。

だからこそ、「うつしまるくん」の価値があるのだ。

発達障がいの子にとっては、文字を写すことさえ、決して簡単なことではない。

それにもかかわらず、もっと大きなハードルが学校生活にはたくさんある。

2　がんばっても写せない

大きなハードルの典型と言えば、図工であろう。何かを写して描くというのが、できない子がいるのだ。

ＡＳＤの子がそうだった。自分の思い通りに、立体を平面に表すことができないので、かんしゃくを起こして、学習がストップしたのだ。

自閉症グループの子が、一度できないと思い込むと、取り返すのは大変だ。

ましてや、その経験が積み重ねられると、最初から取り組もうとさえしなくなる。

これが、エラーの見通しができた状態である。

また、反抗挑戦性障がいの子もそうだった。

プライドは高いので、できばえの要求は高い。しかし、技能が追いつかない。だんだんとイライラが募ってくる。イライラすると、余計にできなくなっていく。終いには、かんしゃくを起こし、紙をぐしゃぐしゃにする。

そして、取り組まなくなる。イライラが募っているので、その状態では何を言っても、聞ける状態ではない。

どちらもエラーを生み出す学習になってしまっている。

エラーが生じることで、「どうせ失敗する」「無理だ」そういった言葉が出るようになってくる。

そして、何に対してでも、取り組もうとさえしなくなっていく。

これが情緒的なこじれを起こした状態である。

こうなると、二次障がい、三次障がいへと進んでいく可能性が高い。

こういった子たちに、学習の意欲をもたせる方法は一つしかない。それは、成功体験である。

しかも、失敗を経験した同じ土俵での成功体験が望ましい。

3 「なぞる」ことでエラーをなくす

図工などで、エラーをなくすためにもっとも確実な方法は、なぞることである。

文字を写すことができない子が、「暗唱直写スキル」（光村教育図書）に熱中して取り組んだ事例が、今までにも数多くあげられている。これは、図工でも同じように使える。

自閉症の子を指導した時、「赤鉛筆で薄く描いた線をなぞらせる」「教師が指で描いた線をなぞらせる」方法は効果があった。「無理」と言って、最初から取り組まなかった子が、取り組むようになった。

このような教材があれば、どれだけ発達障がいの子の情緒的なこじれがなくなるだろう。

彼らには、成功体験こそが必要なのだ。

私は、以前からトレーシングペーパーを大量に購入して、理科や社会などでたびたび活用していた。今なら、「直写ノート」（東京教育技術研究所）がある。

これを使うことで、図工の時間に紙をびりびりにやぶり捨てた反抗挑戦性障がいの子が、ゴミ焼却場の複雑な図を丁寧に丁寧に仕上げたのだ。これは何を意味しているのか。

「暗唱直写スキル」の作品を廊下に掲示

「なぞる」ことは、エラーをなくすということである。

学校には、もっともっと「なぞる文化」が必要であると考える。

⑥算数が苦手な子を教材・教具の力で救う

1　成功体験不足を補う教材の力

今までいろいろな症状の発達障がいの子を担任した。その子たちに圧倒的に足りないのは、「成功体験」であった。

だから、頑張れば上手くいくという見通しがもてないのである。

ただ、成功体験が必要とはいっても、私たちが相手をするのは毎時間である。毎時間、毎時間、こういった子どもたちに成功体験を保障するのはさすがに難しい。

このような時、私たちの武器になってくれるのが、教材である。

特に、「計算スキル」（光村教育図書）の力は凄い。私が今まで担任したどの症状の子も、熱中して取り組んだ。

「『計算スキル』をします」というと、やった！　と歓声があがるのである。この「計算スキル」を使って、私は発達障がいの子

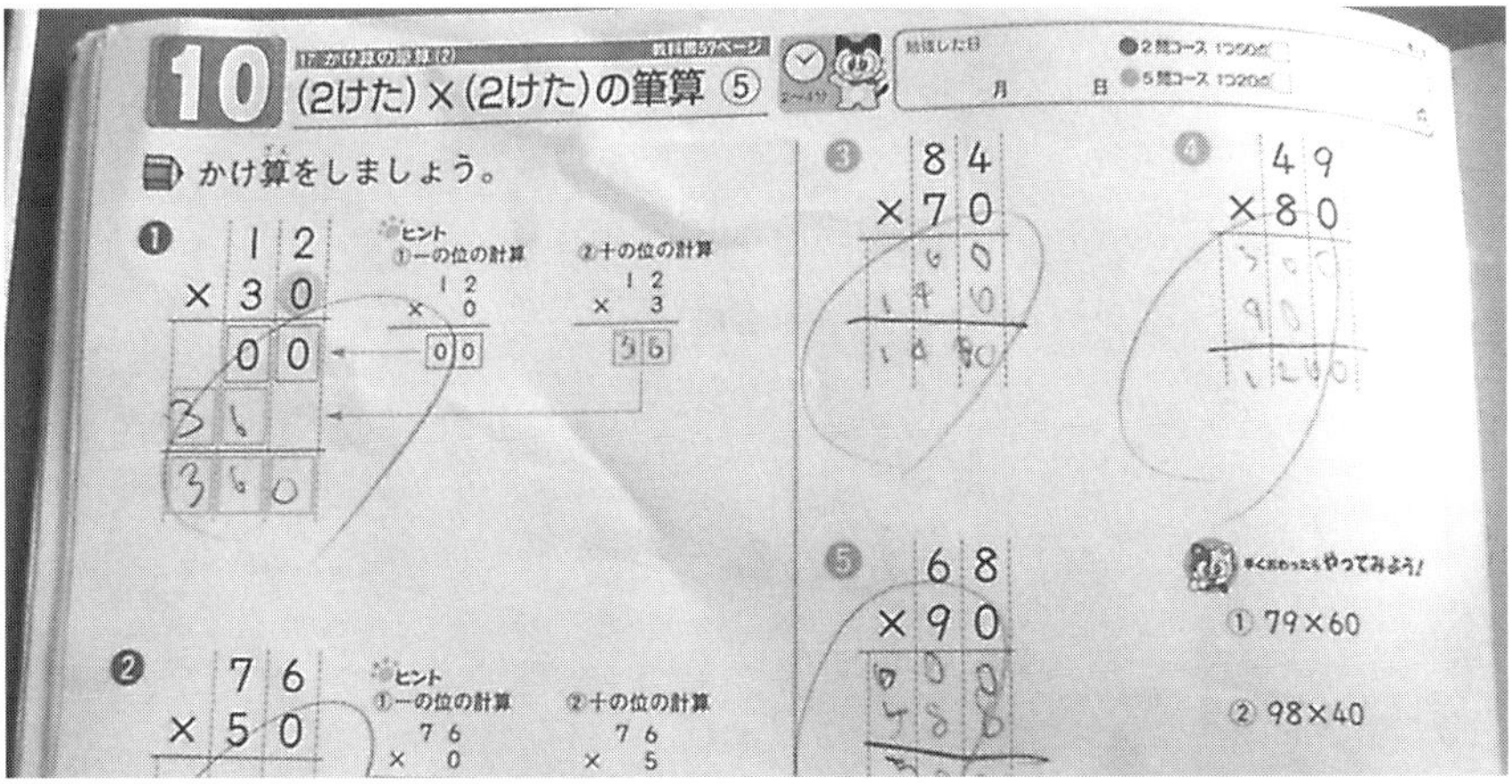

全員が100点とれる「計算スキル」

どもたちに、毎日、成功体験を積ませることができている。

2 TOSSかけ算九九計算尺で九九の見え方が変わった

「TOSSかけ算九九計算尺」を最初に子どもに見せた時の反応が今でも忘れられない。

算数が極端に苦手な4年生がいた。その子は、9×7＝21というような間違いをする子だった。

その子に、九九尺を使って「3×7＝21」と「9×7＝63」の違いを比べて見せた。

その時、その子は次のように叫んだのだ。

うわあ！　全然大きさがちがう！

九九尺は、いちごやドットなどの半具体物で、量の大きさを一瞬で視覚的に見せることができる。

その子の中では、かけ算はただ唱えるだけのもので、「3×7」も「9×7」も同じように見えていたのである。それが、九九尺で量が見えることで、初めて九九の意味が理解できたと話していた。

また、九九尺は自分で練習を進めることができる。

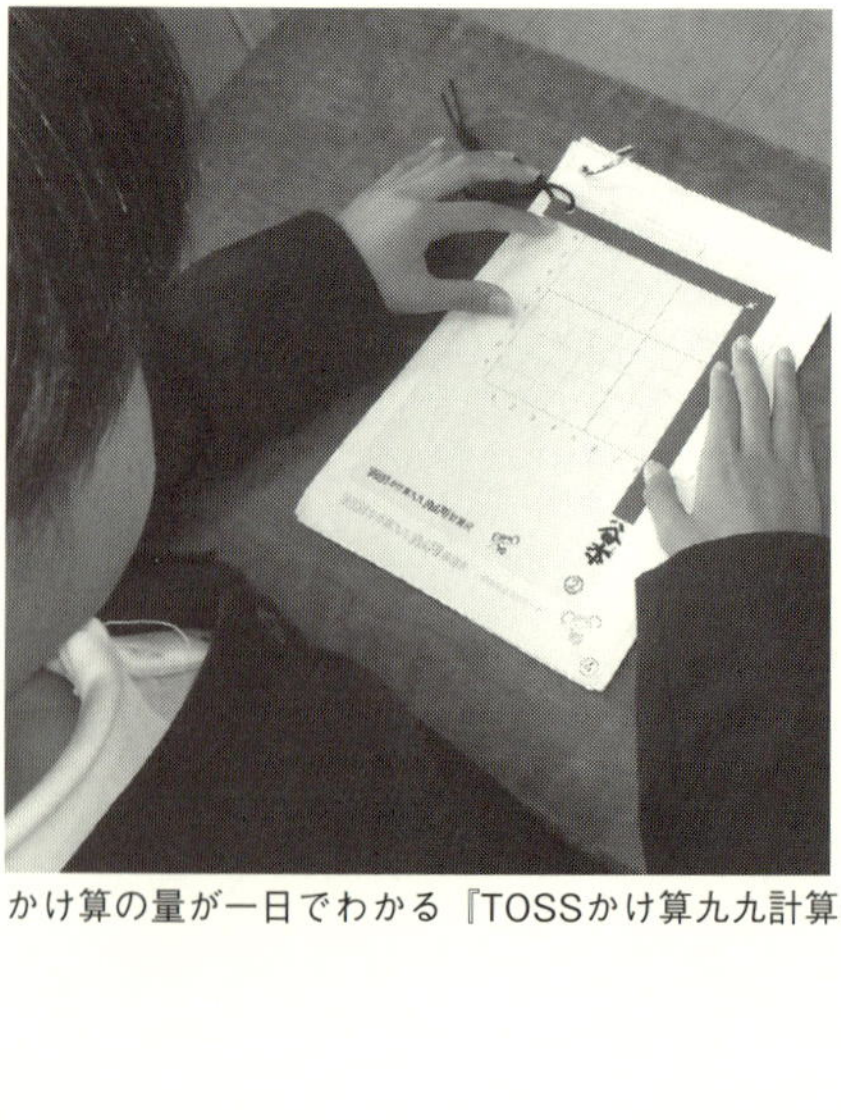

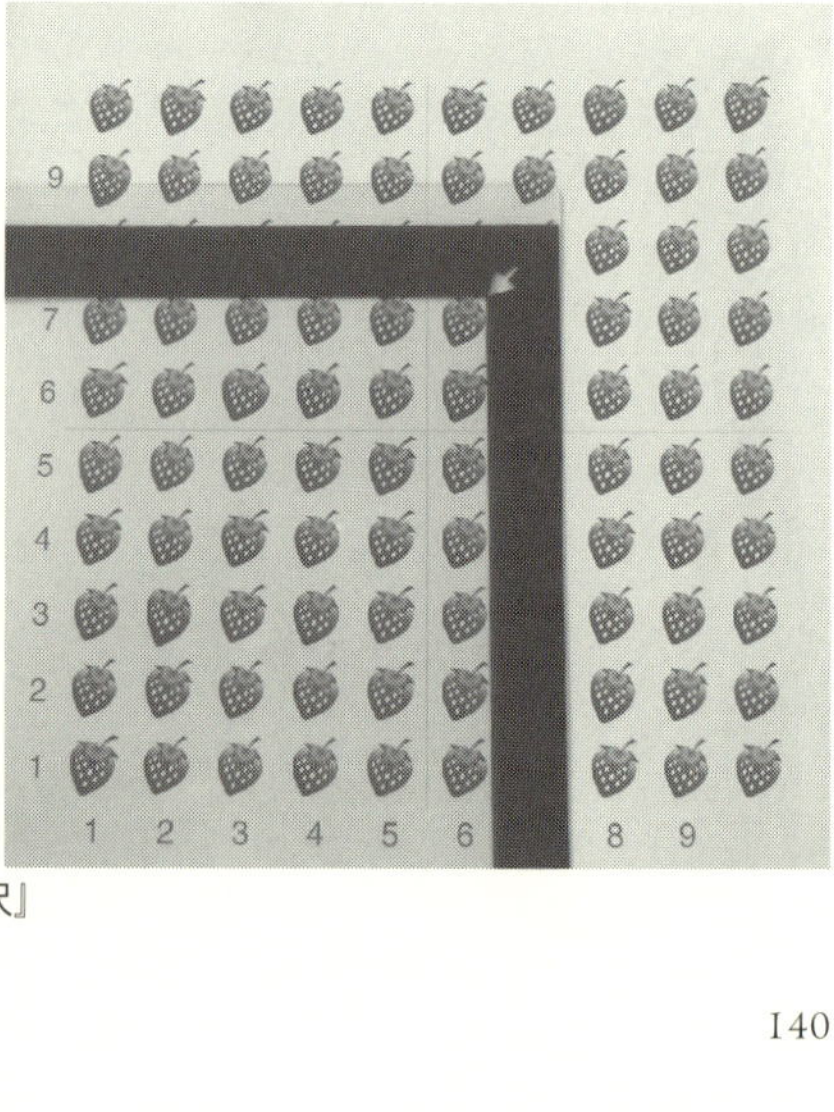

かけ算の量が一目でわかる『TOSSかけ算九九計算尺』

一人で学習が進められると言っても、よくあるリング式の九九カードとは全く教材の思想が異なっている。

九九尺での学習はエラーをしない。

リング式のカードでは、「９×９」と表に書いてあって、裏に「81」という答えがある。しかし、これでは、「９×９＝32」などというようにエラー（間違い）が出てしまう。

このような時、当然正しい言い方を唱えさせるようにするだろうが、それではほとんど学習の意味をなさない。それは、次の事実を見ると明らかである。

①間違いの九九を一度、アウトプットした。
②正しい九九を一度、アウトプットした。

つまり、脳へのインプットで考えてみると、「間違い」と「正しい」とを同じ回数練習したことになる。

これでは、意味がない。

だから、九九が苦手な子への学習の基本方針は、「エラーの情報をインプットさせない」ことである。つまり、常に正しい唱え方をさせることが重要なのだ。

「ＴＯＳＳかけ算九九計算尺」は、最初からその思想で作られた教具である。他の教具とは全く作り方が違うのである。

3 特別支援学級に転籍してくる子への問題点——方策がない

途中で転籍してくる子は、学年も学力もバラバラである。そして、中には数か月、継続して学習に取り組んでいない子もいる。問題点は次の2つだ。

> ①その子が、何がどれだけできるのかがわからない。
> ②次の学習へと継続していかない。

①の問題点は、ピンポイントでその子の学力状態にあわせるのが難しいということだ。担任に聞いても、大まかにしかわからない。

そこで、対象学年を下げることになるのだが、これも難しい。

自閉症・情緒学級に入ってくる子どもはプライドが高い。中にはIQが100を超える子もいる。こういった5年生の子に2年生の問題を出せば、バカにするなと言われるのがオチである。

また、簡単なプリントでは、次の学習へと継続していかないという問題がある。

多くの子が、継続して学習に取り組んでいくのが苦手なのである。

だから、簡単なプリントに取り組んだとしても、その次の学習へとつながってはいかない。ここで、第二段階の問題が待っているのだ。

簡単なプリントでは、その場しのぎにしかならないのである。

4　革命的な「PISA型スキル」

これらの問題に全て対応できるのが「PISA（OECD加盟国を中心にした国際的学習到達度調査）型スキル」である。

この教材を「＋αの学習で行う教材」とのみ考えている教師がいるが、決してそれだけではないのだ。

以前、6年生で転籍してきた子に、「かけ算の筆算スキル」を渡した。

この子は非常にプライドが高かった。失敗することを極度に嫌う。「わからない」ことを知られるだけでもがまんができないような子だ。

だから、鉛筆をもった学習は、半年以上経験していなかった。

対象学年は、3～4年。通常ならプライドが許さない。しかし、その子は取り組んだ。なぜか。

それは、教材の表紙に、次のような表記があったことが大きい。

> **小学校で習うかけ算の筆算の学習を総まとめ！**
> **選び抜かれた問題でかけ算の筆算をマスター！**

「総まとめ」だから取り組んでいても恥ずかしくない。

内容はスモールステップになっているので、最初はこちらの狙い通り、非常に簡単な問題になっている。だから、どの子もできる。そして、次のページに自然に進むことができる。この子も自然に取り組んだ。

そして、なんと一週間で一冊を終えたのである。この事実は、この子にとって非常に大きなことだった。今までできなかった「継続して取り組む」ことができたのだ。

このことで、彼は自信を取り戻した。５年生までの内容をそれぞれの「ＰＩＳＡ型スキル」で克服し、ついに、６年生の卒業前には、教科書を使った学習ができるようになった。

他の教材では、この子の事実は生まれなかった。「ＰＩＳＡ型スキル」だからこそ生まれた事実である。

5　目を疑ったかけ算プリント

先日、ある2年生のかけ算プリントを見て驚いた。その教材のひどさに目を疑った。

「基礎・基本」といううたい文句があるＦＡＸ教材で、書き込み式になっている。

１ページに筆算がぎっしり25問。見た瞬間に、「やりたくない」と思わせる。この時点で、児童はあきらめてしまうと予想できる。「ぱっと見てできそう」という観点は非常に大切だ。

この教材のひどさは、それだけにとどまらない。一番ひどいのは、

問題と問題との間が詰まっている。


ということ。なのでこういう問題がおきる。答えまで書けない。だから位をそろえて書けない。

答えまで書こうとすると、ぐちゃぐちゃっと書くしか方法がない。これでは、やればやるだけ悪い方法を身につけていくことになる。

「位をそろえる」ことは、筆算の学習において最も重要なポイントの一つである。

果たして、このプリントをＡＤＨＤの子ができるだろうか。

位取りができないのでミスが連発し、やる気が失われる。そして、ぐちゃぐちゃっと書くと、視線はあちこちをさまよう。どこを見ていいかわからない。いらいらしてできない。

このような教材は、「頑張ってもできない」という失敗体験しか与えない。ひどい教材は、子どもを痛めつけているのだ。

第6章

発達障がいの子のアドバルーンに対応する【アドバルーン対応】

①授業で出し抜けにしゃべる子に対応する5つの方策

1　一度にたくさんの指示を出さない

教科書の23ページを開けて、3番の問題をやりなさい。


このように指示を出すと、必ずと言っていいほど、「先生どこやるの？」と聞き返す子がいる。

これは、子どもが悪いのではなく、教師の指示が悪いのである。

教室の中に10％近くいると言われている発達障がいの子は、一度に多くの指示を理解することができない。

人間が何かを行う時に、脳の中に一時的に留めておく記憶を「ワーキングメモリ」と言う。

そのワーキングメモリが、発達障がいの子は一度に1つか2つしか入らないのである。

だから、今言ったことを聞き返すのである。決してふざけているのではない。

先ほどの指示は、一度にいくつのことを言っているのだろうか。数えてみよう。

①教科書を出す。（教科書を開く）
②23ページを開ける。（23ページを探す）
③3番の問題をする。

一度に3つの指示をしていることになる。これではできるわけがない。

では、このような時、どうすればいいのだろうか？

簡単である。もう一度わからないところを言ってあげればいいのである。

教師に聞き返すということは、やる気のある証拠である。

もう一度教えてあげれば、皆と同じようにきちんと取り組むことができる。

それを多くの教師は、次のように言う。

今、言ったでしょう。ちゃんと聞いてなさい。

ひどい時には、「この前もそうだったでしょう」などと、以前のことを出して叱責をする。

教師の指示が悪いから、がんばってもできないのである。

それなのに、このような叱責を続けていけば、子どもはだんだんと反抗するようになる。

これが、「反抗挑戦性障がい」である。教師や学校のせいで、二次障がいが生まれるのである。

こうなったら大変である。目がつりあがり、大声を出してわめきちらしたり、教師に暴言を吐いたりと、通常の学校生活を送るのは難しくなる。

教師の対応が、その子の一生を台無しにしてしまうことがあるのだ。

一度にたくさんのことを指示するのは、障がいのある子だけでなく、他の子にとっても理解するのは難しい。

指示を出すときの原則は、こうである。

指示は短く。一時に一事で行う。
指示、確認を小刻みに繰り返す。

2　大事な指示は何度か繰り返す

ワーキングメモリの問題を考えると、一度の指示では理解できない可能性がある。だから、大事なことは、何度か繰り返すといい。脳科学者の平山諭氏は、三度繰り返すと良いと主張している。

例えば、次のように行う。

①ミニ定規を使って、丁寧に書きます。
②ミニ定規を使います。
③ミニ定規ですよ。

このように、繰り返すのである。

繰り返すときは、同じ言葉を全部繰り返さなくてもよい。大事なこと、大事な部分だけを強調するから、印象に残る。先ほどのような短い指示なら、全部を繰り返しても良いだろう。しかし、長い指示などは、そのまま繰り返すのはよくない。わかる子にとっては面倒に感じるし、わからない子にとっては、長すぎて結局わからない事態に陥るからである。

大事なことが強調されるような指示の出し方をすれば、混乱は少ない。

3　質問は、最後にまとめて受けつける

教師が説明をしていると、すぐに口を挟む子がいる。ＡＤＨＤの子は、反射的に口から出ていることが多い。

そのような子どもを見ると、「これから話すのにいちいちうるさいなあ」などと思ってしまうだろう。

でも、よく考えてみると、これは当たり前のことである。

教師は全体の話の内容を知っているが、子どもは知らないのである。だから、その都度、興味があることに反応するのである。今、聞いておかないといけないと思うのである。

この時、絶対にしてはいけないことがある。

子どもの質問に、いちいち対応すること。

子どもの質問にいちいち対応していると、話がたびたび中断する。

そうなると、教室はざわついていくし、話が本筋からずれていってしまう。

例えば、このような場面をよく見かける。遠足の説明をしている時を例にあげる。

（教師の言葉は太字。子どもは普通の字。）

今から遠足のもちものについて話をします。

弁当、水筒、おやつ、
先生、おやつにガムをもってきていい？

ガムか？　ガムはよくないんじゃないかな？

でも、もってきている人がいたよ。

じゃあ、ちょっとだけならいいです。え～、おやつの他にもってくるものは、しきものとゴミ袋と
……。

先生、おやつはバスの時に食べていいの？

バスはダメです。

え～、帰りのバスもダメなの？


このように、次々と話が脱線していく。だから、伝えようと思っていたことが伝えられない。それどころか、こうなると、大切な指示も入らないと思った方がよい。

説明をする時の鉄則は、途中で子どもに口を挟ませないということである。それでも、口を挟んでくる時には、「質問は最後にまとめて聞きます」と言うようにする。

このようにしておいて、最後に「質問はありませんか？」と聞いてみるとよい。

説明の時に、口を挟んでいた子の多くが、質問をしなくなるはずである。

それは、つまり、教師の説明の中に自分の知りたかったことがあったということである。最後に質問をすればいいことを体験すると、途中で口を挟むことがぐっと減ってくる。

4　授業中にあててほしいと騒ぐ子への3つの対応

授業中に、いつもあててほしいと張り切って手をあげる子がいる。

やる気があってとてもいいことなのだが、だからといっていつもこういう状況では、授業は進んでいかない。

また、他の子どもたちにも不満が出る。

しかし、ここで叱る必要はない。こういう時には、やさしく指摘して、正しい行動に変えていくようにする。

例えば、このように言うと良い。

①黙って手をあげている人に言います。
②あてられなくても、ちゃんとがまんできる人はえらいなあ。
③友達の意見をしっかり聞いている人にあてます。

①～③は順番に言うのではなく、その都度、状況を見てどれかを使っていく。

5　ユーモアで対応する

子どもの衝動的な態度に腹を立てるのではなく、ユーモアで返すのも効果的な方法である。

例えば、「山田くん」とあてているのに、隣のＡＤＨＤの河田くんが答えたとする。

そんな時は、すかさず、次のように返す。


あれ？　あなた、山田君になったのですか!?

これは、甲本卓司氏から教えてもらった方法で、衝動的な子には効果覿面《てきめん》である。言われた子は、「違う違う」とあわてて否定する。それを見ている周りの子は大爆笑となる。だから、周りの子の不満がなくなる。

大切なのは、怒って言っても意味がないということ。ユーモアがあるから、周りも許せるのである。

また、問題の答えを出し抜けに答えてしまう子がいる。

そんな時に、私は次のように言うことがある。


（勝手に答えたので）みんなの考える権利がなくなりました。代わりに、田中先生、問題を出してください。


これも同じような状態になる。困って言えなければ、短く「ごめんなさい」と言わせて終わりにする。座った後で、「やばかった！」と舌を出すようにおどけている様子は、かわいらしいものだ。

もちろん、「今は、先生が話す時です」と一喝することもあるが、時にはユーモアで返せるようにしたいものだ。こんなふうにユーモアで返す方法はいくらでもある。それを多く知っているということが、教師に余裕をもたせることになる。

②「面倒くさい」というマイナス発言を授業に生かす

何かを指示すると、「え〜、面倒くさい」などと文句を言う子がいる。

教師としては言われると腹がたってしまうような言葉だが、この言葉を授業に生かすことができる。

例えば、割り算の筆算の学習。

向山型算数では、間違えたら×をつけてやり直すというルールがある。となると、仮商修正の学習では、何度も何度も×をつけて書き直すことになる。しかも、問題によっては、5回も6回も書き直しが必要な問題が出てくる。

例えば、89÷17という問題などである。1の位を両手で隠すと、8と1が残る。だから、最初に商を8とたてる。17×8＝136となり大きすぎる。だから、×をつけてやり直し。今度は、1つ小さな7を商にたてるがこれもやり直しとなる。結局、商が5になるまで、4回もやらなくてはいけなくなる。

これは、教師が自分でノートに書いてやってみると良い。本当に面倒くさいことがよくわかる。だから、子どもがノートに書きながら、「面倒くさい！」というのは、その通りなのである。

しかし、だからといって、いきなり最初から「5ぐらいかな」と見当をつけさせるのはよくない方法である。順番にやっていくうちに、どんな問題でもだんだんと見当がつくようになってくる。その体感をさせているのである。

また、このようにやり直すことによって、実はもう一つの大切なことを学習させていることになっているのである。

どんな問題でもこのように一つずつやっていけば、いつかは必ず解けるという体験。

これこそが大切な学習となっているのである。

「必ず解ける」という見通しは安心感につながる。これがあるから、「わからない」「できない」という自閉症グループの子が陥りやすい「0か100か」という考え方にならないのである。

この学習で、子どもから「面倒くさい」という発言が出たら、以上のことをふまえて次のように対応する。

そうなんです! これは「面倒くさい」学習なんです。

そのように力強く、その子の声にかぶせるように言うのである。そのように言われた子どものきょとんとした顔が想像できるだろう。

また、「4年生だから、この面倒くさい学習ができるのです。これが3年生では難しいですよね」などと言う。

私のクラスでは、面倒くさいと言っていた本人が、「先生、さすがに3年生には無理だわ」と話していた。あまりにもかわいくて、思わず笑ってしまった。

また、学習が進んでいくと、こんな声も聞かれるようになった。

ああ! 先生、次の問題、面倒くさい問題だ!

問題を見た瞬間にこのように言う子が出てくる。問題を見た瞬間に、何度も直す必要があるという見通しがもてているということがわかる。「するどいなあ」と私は笑顔で返す。

私のクラスでは、子どもたちがニコニコしながら、「ほら、×をつけてやり直しだ」とか、「ああ、やっぱり面倒くさいなあ」などとつぶやきながら、問題に取り組んでいた。

③マイナス発言には、「じゃあこうする？」と別の選択肢を示して楽しく対応する

毎年、学校で一番大変だと言われる発達障がいの子を担任している。

それだけに、例年、学級開きや黄金の３日間には、アドバルーンの嵐である。

このアドバルーンをどうさばくかということは、その子だけの問題ではない。学級の周りの子もそれを見ている。だから、対応の仕方が、その後の学級経営に大きな影響を与えるのだ。

次は、ある年の初日にあったアドバルーンと、私がとった対応である。

1　前の席になったことに不満の声をあげる

昨年は友達に暴力をふるい、教師に反抗し、授業中に教室を抜け出すこともあったという子がいた。

初日、さっそくアドバルーンが次々とあがった。

教室に入り、子どもたちの席を出席番号順に次々と告げていく。鈴木君は、当然、一番前になるように仕組んでいる。自分が前の席だとわかった鈴木君は、さっそく不満の声をあげた。

> あ〜、俺が一番前だ！　なんでだ〜！

すかさず、笑顔で対応する。

そうか、その席が嫌か！　それはかわいそうだ。替えてあげよう。


そう言うと、鈴木君は「うん」と頷いた。

「え〜と、空いている場所は……」と言いながら、教卓の横のスペースを指した。

「あ！　ここなら、空いてる。こっちにしよう」

そう言うと、「嫌だ嫌だ、そこは嫌だ」と言う。焦っている鈴木君を横目にもう一歩詰める。

「遠慮しなくていいよ。特別席だよ」

鈴木君は、さらに拒否する。そこでやさしく一言。


そっちの席の方がいいの？

最初の席を指さしながら言うと、鈴木君は、すかさず頷いた。

残念だなあ。先生　鈴木君と近づけるからうれしかったのに。


こう言うと、鈴木君はにこにこしながら、「あぶないねえ、セーフ！」とおどけていた。

周りの子もそれを見て笑っている。鈴木君の不満は、知らないうちに消えていた。

2　指示したことと違うことをやりたいと叫ぶ

アドバルーンは、次々とあがる。

鈴木君の列の子に、図書室にある教科書を運んでもらうよう指示した。お手伝いができると鈴木君は喜んだ。しかし、残った子に、先生の荷物を運んでもらうように指示したら、様子が一変した。

俺、そっちが運びたい。代わっていい？（隣の子を指さして）こいつと代わる！　いい？

こうせがんできた。ちなみに、隣の子は今まで同じクラスになったことのない知らない子。前の席を決める時よりも興奮気味。隣の子も周りの子も様子を見ている。さあ、どのように対応するか。私は、すかさずこう言った。

ああ、そうか。運びたいんだ。

まずは同意したのである。運びたい気持ちは悪いことではない。鈴木君は、「うん！」と期待をこめて頷いた。

これはね、もう決めたことだから変えられないんだ。

できないという意思と、その理由を説明した。
ここで間が空くと、必ず「え〜」などという不満の声が出る。だから、ここでは、たたみかけるように次の言葉を言う必要がある。私は、間を空けず、強い口調でこう言った。

でも、うれしいなあ。先生のを運んであげるっていう気持ちがうれしいな。

これで鈴木君の文句は出なくなる。さらに、気分良く教科書を運ぶ仕事をしてもらうために、次のお願いをした。

じゃあ、今度、先生のとっても大事なものを運ぶときに、鈴木君に頼んでいいかなあ?


脳科学者である平山諭氏が提唱する、子どものプライドを立てる「お願い効果」である。

鈴木君は、うれしそうに「うん」と頷いた。

「鈴木君と一緒になれて、うれしいなあ」と言いながら、そのまま、鈴木君の列の子たちと教科書を取りに行った。

鈴木君は図書室につくと、「俺がいっぱいもってあげる」などと言いながら、終始ご機嫌だった。

どちらのアドバルーンも、私は叱ることなく対応した。

相手の気持ちを同意しながら、主導権はこちらが握る。そして、「ユーモア」と「間」を使って対応したのだ。

この一連のアドバルーンへの対応で、私は学級を統率した状態になった。

④マイナス行動は、叱るのではなく「なぜいけないのか？」を考えさせる

1　個別評定で否定的な言葉

学年4クラスを集めて、歌の指導を行った。

声が小さい子どもたちに、もっと声を出させる指導をということで、私が個別評定で歌い出しの指導を行った学年を半分にして、声の大きさを10点満点で評定していく。

最初は、1・2点と厳しいが上にも厳しく評定する。そのことで、子どもたちが熱気を帯びた状態になっていく。

発達障がいの子どもたちの多くが、この指導法が大好きだ。

点数をつけることで、自閉症の子は、合格ラインの見通しがもてる。

また、ADHDの子は、挑戦意欲がかきたてられることを非常に好む。

この時も、全体が熱気を帯びた状態になっていった。

しかし、そんな中で、ある男の子が否定的な言葉を言ったのである。

「挑戦したいですか？」という私の言葉かけに、

挑戦したくね〜。

と言ったのである。

この子は、気に入らないことがあるとキレて、教師にも暴言をはいたり、モノを蹴飛ばしたりするような子だった。強く叱れば、その場は言うことを聞くかもしれないが、それでは彼の状態がよくなることはない。では、どう指導していけば良いのか。考えてもらいたい。

2 巻き込んで事実を創る

否定的な言葉を聞いた私は、次のように言った。

よし、挑戦しようという人は、立ちなさい。


全体が勢いよく立つ中、少し遅れてその子も立った。

心の中では嫌なのかもしれないが、事実として彼は立ったのである。これで、彼を巻き込んだ。

私は、ここでその子が立つように、その子がいる方に体を向けて少し圧力をかけていた。

しかし、目は合わせなかった。

多くの場合、これが逆になる。それでは、余計に反抗するだけである。

ここでは、とにかくやったという事実を創ることが何よりも大切だと考えた。

その後、全体に、挑戦したこと、声が大きくなったことをほめて指導を終えた。

3 事実をもとに教えてほめる

他の教師に指導をバトンタッチした後、その子がいる列の中に入っていった。

そして、思い出したようにこう聞いた。

さっき、「挑戦したくない」と言った人がこのあたりにいなかったですか。

その子は、やばいという顔をしながらゆっくりと手をあげた。

私は、すぐに「正直でえらい！」とほめた。そして、その子と2人で話をした。

嫌だと思うのはしょうがない。でも、それをみんなの前で言うのは良くない。そのことは知っているよね。（頷く。）

でも、君はその後でちゃんと立ってみんなと挑戦したよね。

それがとっても大切なことなんだ。

悪いことをした時、2つの道がある。

一つは、「もうどうでもいいや」とあきらめてしまうこと。

もう一つは、「今からやろう」と態度を直すこと。

君は、今日ちゃんと自分で良い道を選んだね。成長したなあってうれしかったよ。次もがんばろうな。

そう言うと、彼はハイ！　と力強い返事をして、列に戻っていった。

体育館から教室に帰るとき、彼が私に近寄ってきた。そして、「先生ありがとう」と言ってニコッと笑ったのである。

こういった子は、教師の意図的な行為がなければ、成功体験は望めない。

その事実を引っ張り出すのが、教師の仕事である。そして、「激励の原則」こそが大切だ。励まし続ける教師だけが、障がいのある子への指導ができると強く感じている。

⑤しつこいアドバルーンこそ、たんたんと対応する

1 対応の基本方針は笑顔

4年生ASの男の子。衝動性が強く、暴力的な言動も目立つ。

しかし、よく観察していると、「不安傾向が非常に強い」ということがわかった。

ここを見逃してはいけない、暴力的な言葉や行動が目立つため、そこにばかり目がいくが、本当はこの不安を解消することが最も大切なのだ。

だから、基本は全て「笑顔で対応」ということになる。これが基本方針。

体育館で全校が集まっての式があった。

どうしても時間が長くなる。だから、途中でおしゃべりやちょっかいを出し始める。

このような時、多くの教師はその子の近くによっていく。しかし、よほどのことがない限りその必要はない。

教師は、その子の視線に入る場所に立っておく。

そして、何かあれば、その子にじ～っと視線を送ればいい。そのうちこちらに気づくだろう。

そこで、あらかじめ決めておいた、サイン（たとえば目配せやハンドサイン）で、その子に気づかせればいい。

この時も、私の視線に気づくと、必要以上に良い姿勢をしようとしていた。

体中に力を入れて、良い姿勢をアピールしているのだ。なんともほほえましい。

ここでも、多くの教師は必要以上に良い姿勢を強要する。

ちょっとでも体の向きが斜めになったり、列から少しずれたりしただけでがまんできないのだ。

しかし、考えてもみてほしい。

長い時間、体に力を入れたまま姿勢を保持することができたなら、この子は障がいではない。

周りに迷惑をかけないこと、話の中身を聞くことを重視すべきである。

あまりに、教師が他の子と同じような高い要求をしすぎるから、子どももどうせ無理だとあきらめたり、開き直ったりするのだ。

私は、必要以上に良い姿勢をしているその子に、「肩の力を抜きなさい」というジェスチャーをしてみせた。

すると、その子の上がっていた肩がすっと下がった。

そこで、それでいいんだと頷いた。その子の表情も柔らかくなった。

教師が必要以上に注意するから、子どももイライラしてくるのだ。

教師が笑顔で対応するから子どもも変化していく。

2　子どもとの勝負も笑顔とユーモアで

衝動性が強い片山君は、やってはいけないということを一通りやっていく。

自分が気になったら、とりあえずやってみてしまうのだ。だから、この子と勝負する場面も出てくる。

毎時間、あるいは、ほぼ全ての活動にアドバルーンをあげているとイメージするぐらいでちょうど良い。

それに、笑顔で対応していく。

ある日の帰りに、ランドセルについているキーホルダーとお守りを見せてもらった。

私が見つけたのではない。その子がわざわざ私に見せにきたのだ。

学校の規則では、キーホルダーをつけることは禁止になっている。どうするか？

ここは当然、外させる。

その理由を「規則だから」という以外の理由で考えてもらいたい。指導は次への布石である。

片山君は、持ち物がどんどんゆるんでいくタイプ。

昨年は、エアガンを学校に持ち込んで大騒ぎになった。

これを許せば、どこまで進んでいくかわからない。ここに大きな理由がある。


だから、簡単なもののうちに叩いておく。

以下がやりとりである。（四角囲みが私）

片山君、キーホルダーもお守りも、かばんの中に入れることになっているよ。入れなさい。


「うん、また、今度入れる」

この今度がくせものである。ここは緩めない。


ここは学校です。今、入れないと帰らせるわけにはいかないんだ。


帰らせるわけにはいかないと、ルールを強調する。

それでも、片山君はひきさがらない。「わかった、帰ってから入れる」と片山君。

今じゃないと、ダメなんだ。

「下駄箱のところで入れる」

今、入れて。ルールだから。

「挨拶したら入れる」

（ここで勝負！）入れたら、挨拶する。じゃあ、持ち物がよくなった人から帰ることにしよう。

「え、待って」と焦りだす片山君。

「いつもは待たないけど、特別にちょっとだけ待ってあげる。（そう言いながら、みんなに向かってすぐに）はい、机の整頓をして」と言う。

すると片山君は、すぐにキーホルダーをランドセルにしまって、帰りの用意を始めた。

列ごとに挨拶。挨拶の良い列から帰らせる。片山君は、もう挨拶の方に興味がいっている。そして、一番に合格して大喜びで帰って行った。

教師が笑顔だから、片山君は素直になれる。アドバルーンこそ、笑顔で対応するのである。

⑥こだわりは「やりたい」気持ちを消化させる

1　帰りが遅れるとキレるのはなぜ？

ちょっとしたことでキレて暴れる子がいる。そのような子に、今までに何人も出会ってきた。広汎性発達障がいの田口君は、何でも一番にならないと気に入らない。

とにかく、こだわりが強かった。

そんな田口君が、一番こだわっていることがあった。

帰りの時間が少しでも遅くなることが許せない。

例えば、15時が下校時間だったとする。それよりはやく帰るのは問題ない。

しかし、それより1分でも遅くなると、もうがまんができなくなる。

私は、当初、一番になりたいから、他のクラスより遅れるのがダメなのだと思っていた。しかし、15時より前であれば、隣のクラスが先に教室を出ても癇癪《かんしゃく》を起こすことはなかった。逆に、他のクラスよりはやく出ても、15時より遅くなるのはがまんできなかった。

私には、この謎がしばらく理解できなかった。そうして、1か月ほどが経過した。

私は、休み時間など、よく発達障がいの子を呼んで、話をすることが多い。

それは、子どもの特性を理解するためであったり、関係性を構築するためであったりする。

また、当然、コミュニケーション能力を高めるためでもある。

ある時、田口君を呼んで、テレビの話をしていた。話題は、田口君の好きなテレビの話になった。しかし、田口君は、恥ずかしそうにするばかりで、好きなテレビ番組を教えてくれようとはしない。

その時、友達が横からこう口を挟んだ。

田口君、「おかあさんといっしょ」が好きなんだよね。

そう言ったとたん、田口君の様子がぎくしゃくし始めた。どう対応していいのかわからない様子だった。

この様子を見て、私はすぐにピンときた。

なぜ田口君が言いたがらないのかという理由が予測できたのだ。

このように、子どもの些細な反応や様子から、何が読み取れるかが、学校現場では非常に大切になってくる。

田口君は、誰かに「まだ『おかあさんといっしょ』みたいな幼稚な番組を見ているのか」というようなからかいを受けた。

私は、こう一瞬で推測した。そこで、「おかあさんといっしょ」を見ることが、恥ずかしいことではないと、安心させるような対応が必要だと感じた。

「おかあさんといっしょ」は、おもしろいよね！　先生も見ることあるよ。

そう言うと、すぐに田口君が、「先生も好き？」と聞いてきた。

そこで、間髪いれずに、「もちろん！」と力強く答えた。
それで、田口君は安心したようで、す～っと穏やかな表情になった。
安心した田口君は、テレビの内容を次々と話し始めた。その中で、気になる一言があった。

いっつも見てるけど、遅くなると見れないから嫌なんよ。

「毎日、見てるの？」という私の問いに対する田口君の言葉だった。ここで、はっと気がついた。

帰りが遅くなると「おかあさんといっしょ」が見られなくなる。だから、がまんできなくなる。

このことを確認すると、そうだと田口君は答えた。そこで、次のことを話した。

①先生もはやく「さようなら」がしたいこと。
②いじわるをして、帰りを遅くしてるのではないこと。
③帰りの準備がはやくできたら、はやく「さようなら」ができること。

そう話すと、安心した穏やかな表情になった。
それからの田口君は、帰りの準備をはやくしようと頑張っている様子が見られた。
私は、そのやる気をほめた。「頑張ったから、はやく帰れて良かったね」と言い続けた。お母さんにも帰りの用意をがんばっていることを告げた。家でもほめられたようで、すごく喜んでいた。

そして、自信をもった田口君は、帰りの準備もとてもはやくなった。

「おかあさんといっしょ」が見たいというこだわりのおかげで、帰りの用意が素早くできるようになったのだ。

これ以降、田口君が帰りの時間にパニックになることはなかった。

そして、「おかあさんといっしょ」に興味を示さなくなると、「はやく帰らないといけない」というこだわりも消えていった。

2　牛乳を一番に飲みたい

田口君のこだわりは、他にもたくさんあった。その中で、食べ物へのこだわりは特に強かった。

好き嫌いはもちろん、食べ方にもこだわりがある。

いわゆる「三角食べ」というような、ご飯、おかず、汁ものを順番に食べるというようなことは、絶対にしない。

まず、ご飯ならご飯だけを全部食べる。次に、汁ものを全部飲む。そして、おかずだけを全部食べる。このような食べ方なのである。

自閉症グループの子は、いろいろな食べ物が混ざることを嫌う子が多い。

臭い、色、食感などに、極度に敏感な子がいるのだ。

また、自分の決めた順序通りに食べないと、がまんできない子もいる。

田口君は、こちらの順序へのこだわりが強かった。

だから、「三角食べ」を強要されると、田口君はイライラしてがまんできなくなる。

そして、パニックになってしまう。

このような特性を教師は知っておかなければならない。

食に関することは、教師が考えている以上に、デリケートな問題なのである。

それをあまりに強要するとどうなるか。彼らは100か0というような思考をする特性がある。

つまり、0になってしまう危険性があることを忘れてはいけない。

さて、田口君は食べる順番だけでなく、スピードにもこだわった。

牛乳を一番に飲み終えないと、パニックになってキレてしまう。

このこだわりのおかげで、困ったことがあった。

みんなで手を合わせて、「いただきます」というのができない。

みんなが「いただきます」と挨拶している時には、もう牛乳に手をかけている。遅れることががまんできないのだ。それをやめさせようとすると、パニックになる。そして、何も食べようとしなくなるのだ。さあ、どうするか。

私は、周りの子と田口君に、話をした。

周りの子には、「田口君は周りのことがとても気になること」「早く飲むぞとあおられると、気持ちがイライラして安心して食事ができないこと」を伝えた。その上で、田口君を安心して食べさせてあげよう、と話した。

田口君には、「みんな田口君と競争はしないと言っていたこと」「挨拶は大事だから。〝いただきます〟をしてから牛乳を飲むこと」を話した。

そして、次の給食の時、周りの子はいつもよりゆっくりと食べる準備を進めてくれた。田口君は、急いで牛乳を飲みはじめたが、周りが急いでいないのがわかると、ふっと表情が柔らかくなった。

そのような状態が、2、3日続いた時、田口君に「急いで飲まなくても大丈夫でしょ」と伝えた。「うん」と田口君は自然に答えた。そして、田口君はだんだんと、慌てて飲むことがなくなっていった。二つの事例から、何が考えられるか。

一つには、「ルールだからと行為の変更を強要しては、良くならないということ」である。逆に、安心感がある状態だと、良くなっていく。

もう一つは、「周りの対応が大事」ということだ。周りからあおられる、冷やかされることで、余計にこだわりが強くなってしまうのだ。教師の指導、考え方次第で、子どもは、良くも悪くもなっていくのである。

⑦キレた後、活動に戻すにはタイミングがある

1　地名探しでキレる

社会の授業の最初は、地図帳を使って「地名探し」をしている。例えば、「岡山県岡山市」と言うと、地図帳の中から岡山市を探す競争をするのである。

1位になったら次の地名を言うことができるシステムにしていたので、子どもたちは喜んで熱中して取り組んでいた。

しかし、反抗挑戦性障がいの佐藤君だけは、毎時間のように不機嫌になった。

自分が1位になれない。

これが不機嫌になる理由である。

35名の学級。そうそう1位になどなれるはずもない。しかし、佐藤君にはそれが通用しない。

しかも、それでイライラしだすともう終わり。

毎時間のように、「わからん、わからん」と怒鳴りちらす状態が続いた。彼は、「負けを受け入れることができない」状態なのである。他のことも同様で、勝負ごとに負けると、もう活動を続けられない。

上手くいったり上手くいかなかったりということを繰り返しながら、自分の中で受け入れることができるようになっていくしかない。

その覚悟で、毎時間の学習を続けた。とてもではないが、生半可な覚悟ではもたない。

この日も地名探しでキレて、何も取り組まなくなった。教科書の学習に入っても、まだ怒って文句を言っている。

この時、どう対応するだろうか?

①何か言う　②何も言わない

このような瞬時の対応の選択が常に求められるのだ。

2　行動を無視するという意味

ここで、私は①を選択した。放っておくと、怒鳴るなどもっとアピールしてくるだろう。

しかし、かといってベタベタと構い過ぎるのは一番いけない。余計イライラするのは目に見えている。

だから、少しだけ構うようにする。

「うまくいかない時は誰にでもあるよ。怒っちゃダメだよ。きりかえような」

こうやさしく話しかけて、あとは放っておいた。

佐藤君は、しばらくもじもじしていたが、今度は地図帳を見始めた。みんなは教科書を使っている。この状態では意地でも見ようとしない。

それを視野に入れながら、私は全体にニコニコしながら授業を進める。

時々、佐藤君がこちらを斜に構えながら見ているのがわかる。目を合わせずに、笑顔をキープする。

この笑顔が大切だ。こちらの笑顔や醸し出す雰囲気があるから、怒りが少しずつ解けていく。

そのような佐藤君の様子を視野に入れながら、注意をしたり無理矢理やらせたりといったことをせずに見守っている。

これが応用行動分析でいう「無視している」状態である。だから、笑顔でなければ無視とは言えない。

3　佐藤君がつぶやいた！　その時どうするか？

授業はゴミの学習だった。家の1週間で出たゴミを班ごとに集計し発表していった。

佐藤君は気になるのか、ちらちらとこちらを見ている。このときも佐藤君を視野に入れながら笑顔をキープしている。目線は合わせない。余計な刺激は与えず穏やかな雰囲気で進めて行く。

「燃えるゴミ」「燃えないゴミ」「資源ゴミ」に分けて、ゴミ1袋を○で書いていった。

クラス全員分のゴミの量は凄い。黒板が○でいっぱいになっていく。

視覚的にも壮観である。佐藤君も黒板が気になるようだが、まだ斜に構えたままである。

その後、岡山市で始まった有料ゴミ袋について知っていることを聞いてみた。いくつかの意見が出された後、ゴミ袋の大きさについて聞いてみた。その時、佐藤君がこうつぶやいた。

ゴミ袋の大きさのことである。どこかで見たか聞いたかして知っていたのだろう。

キレて何もやらなかった佐藤君が、授業の中身に反応した。先生方ならどう対応するだろうか？

多くの先生は、この意見を「ほめる」と答えた。

しかし、私がとった方法は違った。

4　ほめることを受け入れる土台を創る

考えてみてもらいたい。佐藤君は、みんなの前でキレている。プライドもある。

私の問いに反応したといっても、自分の意思で答えたのかどうかはわからない。

ただ、衝動的に反応しただけかもしれない。

だから、ほめたとしてもそれを受け入れられる状態になっているかどうかわからない。

せっかく授業に入れる可能性が出てきたのだから、絶対に失敗はできない。

ここで失敗したらそれこそ、もうアウトである。

だから、私は彼がほめることを受け入れられる土台を作る対応をした。


誰も知っている人はいませんか。知っている人がいたら手をあげて発表してください。

こう言うと佐藤君が手をあげた。そして発表した。

これは、自分の意思で発表している。だから、ほめても大丈夫な状態である。

「大切なことなので、もう一度言ってください」と言うと、佐藤君は前より大きな声で、「大きさは45リットル」と発表した。

ここで初めて、「よく知っている」と力強くほめた。佐藤君も満足そうだった。

そして、ここから授業に復帰し、皆と同じようにノートも書き始めた。

この時、教師のかかわりは早すぎても遅すぎてもダメだった。「自分で発表した」このタイミングしかなかったのである。こうなったのは決して偶然ではない。私は彼の行動を無視しながらも、ずっとこのタイミングを待っていた。だから、彼の行動に反応できたのである。

反抗する子をほめるのは難しい。「何を」「いつ」ほめるかということが対応で非常に大切なポイントとなる。

第7章

特別支援に必要な規律とユーモア【統率力と抜きどころ】

①指示をしたら必ず確認をする

1 「みんな」という言葉の危険性

教師が指示したことは徹底する。

これができなければ、教室から規律は失われていく。

例えば、音読の時、「しっかりと両手で教科書を持ちなさい」と指示をしたとする。その際、安易に、次のような言い方をすることはないだろうか。

みんなできましたね。

「みんな」という言葉は、安易に使うべき言葉ではない。

1人でもやっていない子がいれば、教師の言葉は嘘になってしまう。

子どもたちは、このようなことに非常に敏感だ。だから、次のように言わなければならない。

両手で持てている人が増えましたね。

また、良くなった子を取り上げてほめる方法もある。

これは教室だけのことではない。学年や全校で集まった時など、ついつい「みんなできましたね」と言いそうになる。これも同じである。教師は、「みんな」という言葉をもっと自制しなければならないと思っている。

②詰めすぎないが、詰めるところは徹底する

国語のテストを行った。私が採用している正進社のテストは、1人1人に答えのシートがついている。だから、どの子も自分で間違い直しができる。

テストを返す時、次のことを指示した。

> ①赤鉛筆で直しなさい。
> ②間違いは、消しゴムで消しません。横に赤鉛筆で正しい答えを書きなさい。

間違い直しの方法は、いろいろあるだろうが、私はいつもこのようにさせている。一度言っただけでは、理解できないだろうと、2度繰り返した。

そして、黒板にも書いた。さらに、聞いていそうにない子を呼んでこちらを向かせ、もう一度全体に言った。念のために、子どもたちにも読ませた。新しく何かを行う時には、私は変化をつけながら、何度も指示、確認を繰り返すようにしている。

1　子どもはできないものだ

テスト直しをした子から、テストをしまわせた。

全員がしまい終わったところで、「できましたか？」と子どもたちに聞いてみた。子どもたちからは、「ハ～イ」と元気に返事がかえってきた。

教師が指示したことは、徹底させなければならない。特に、最初の指導は重要である。

そこで、しばらくたってから、念のために、お隣同士でテストを持ってこさせることにした。

その結果は、次の通りである。

①全ての直しがまだ終わっていない子が5名。
②消しゴムで消して、鉛筆で直していた子が3名。
③消しゴムで消して、赤鉛筆で直しをしていた子が3名。

これを聞いて、どう思われるだろうか。私は、ほぼ予想通りだった。指示通りできていない子が、数名ずつはいるだろうと最初から思っていたのだ。

だから、後でチェックを入れたのである。ここで、叱る必要はない。

子どもは、こちらが思っている以上にこういったことはできないものだ。

ただ、放っておくのはよくない。きちんとやり直しをさせなければならない。

私は、ニコニコしながら、やり直しをさせた。「え～」という子どもの声にも、いちいち動じない。


先生は、赤鉛筆で直しなさいと言いました。

こうきっぱりと言って、やり直しをさせた。さらに、2度目の直しでも、やり直しの子が3名いた。

今度も間違えているところを同じように伝え、やり直しをさせた。これで、やっと全員の間違い直しが終了した。

2　見通しをもって対応する

私は、できていないだろうなと思って、直しのチェックを行った。

これ以外に、この指導のポイントはもう一つある。

お隣同士でテストを持ってこさせた。

これを個人個人で持ってこさせると、どうなっていただろうか。

私の予想では、たぶん持ってこない子がいただろうと思う。

実際に、隣の子に促されて初めて、テストを探し始めた子が数人いた。

それを予想していたから、初めから隣同士で持ってこさせたのである。

あらかじめ見通しをもっておかなければ、その場ですぐに対応することはなかなか難しい。

このようなチェックを最初にしておくことは非常に大切だ。

こういうことを見逃していると、子どもたちはだんだんとルーズになってくる。教師の指示は徹底しなければならない。特に何か新しく始める時には、そのことを強く意識しておくことが必要である。

③集団の中では見逃さないが、個別対応の時には見逃す

1　ルールを徹底させるか？　見逃すか？

発達障がいの子に対して、「どこまでルールを徹底させるか」ということを悩んでいる人が多いのではないだろうか。

例えば、次のような宿題のルールがあるとする。

宿題を忘れたら、学校の休み時間に行う。宿題が終わるまで休み時間はなし。

4年生、広汎性発達障がいの田中君。学力は中程度、宿題をこなす力はある。

最近のお気に入りは、休み時間に池のメダカを見に行くこと。休み時間になると、すぐに教室を飛び出して行くぐらいメダカにはまっている。

ある日、この田中君が宿題を忘れてしまった。学級のルールは、宿題を終えるまで休み時間はなし。しかし、田中君は行きたくて行きたくてしょうがない。

もし、無理矢理に宿題をさせようとすると、怒り出すかもしれない。さて、どうするか？

①クラスのルールは絶対。宿題をやらせる。
②ここまでこだわっているのだから、田中君だけ特別に見て見ぬふりをする。

ごくごく日常的にどこにでも見られる場面であろう。時期は、1学期の初めとする。

さて、先生方はどちらを選ぶのか。そして、その理由は何なのか。ぜひ考えてもらいたい。

2 ルールは守らせる

私は、迷わず①を選択する。理由はいくつかある。

第一に、田中君は宿題をこなす力があるということ。

つまり、これは、ある一定時間がんばればできることである。それは、できるだけやらせたい。これが、宿題をこなす力がない子であればまた別である。その場合、保護者と相談しながら取り組み方を個別に考えていく。

第二に、学級全体のルールであるということ。

田中君ができるのにやらないのであれば、これがクラス全体に影響していくのは明らかだ。

この影響というのは、担任への批判や学級全体がルーズになるということだけではない。


考えなくてはいけないのは、田中君に対する影響もあるということ。


このような状態が続けば、周りの子は「田中はずるい。勝手だ」と思うようになるだろう。

このようなところから、A君へのいじめや差別が始まっていく。子どもというのは、正義をふりかざして、とことんまで追い詰めるものである。このような影響まで、担任は考えておかなくてはならない。

第三に、ここでいったん出さなくてもいいと解釈すると、この先田中君はずっと出さなくなるかもしれないということである。

広汎性発達障がいの子は、変化をなかなか受け入れない。だから、いったん思い込んでしまうとその先もずっとそうなる可能性が大きい。これはエラー・ラーニングであり、避けたいことである。

3　パニックになるのを防ぐにはどうするか

そうは言っても、田中君が池に行くのをとめられて、パニックになったらどうするのかという問題がある。では、ここで演習である。田中君がパニックにならないような方法を3つ以上考えなさい。

①伝え方を工夫する。

次の言い方は、どちらがいいだろうか。

A　池に行ってはいけません。宿題をしなさい。
B　池に行くことはできません。なぜ行ってはいけないのかわかりますか。

Aは、「教師自身がいけない」と言っているのに対し、Bは「ルールだからいけない」と言っているのである。

できれば、このルールのことを田中君に言わせたい。ルールを覚えていたことをほめられるからである。ここでほめられると、パニックになることはまずない。

自分の口で言ったことは納得する可能性が高い。覚えていなければ、ここでルールを確認する。

②授業の終わりに、課題をさせる。

田中君が忘れていたことがわかっていたら、休憩時間になる前に課題に取り組み始めれば良い。

つまり、授業が残り5分ぐらいになった時に「宿題が終わっている人から自分の席で休み時間です」というふうにすればいいのである。

そして、休み時間になってすぐに、「まだの宿題をちゃんと休み時間にやっていて偉いね」とほめるのである。

この「すぐに」がポイントである。ほめることで行動を強化するのはもちろんなのだが、ほめられると「それ以外の行動がとりにくくなる」という特性もあるのだ。私はよくこの方法を使う。

③残り5分ぐらいになったら、行かせる。

休み時間で宿題が終わりそうになく、田中君のがまんの限界が超えそうな時には、少しだけやりたいことができる時間を作ってあげると良い。

その時も、趣意説明と交換条件が必要である。「田中君はちゃんとルールを守って頑張っていたから、ちょっとだけ池に行かせてあげようかな。その代わり、残りは次の休み時間にできますか」

このように、ルールを守らせながら、上手に抜いてあげることも時には必要になってくる。

④注意ではなく、体感させれば理解できる

1 ノートの出し方を体感させ、指導する

新しいクラスを担任すると、必ず指導するのが、ノートの出し方である。
指導していないと、ノートの出し方は次のようになる。

> ①教師の方ではなく、自分の方に向けて出す。
> ②出すとき、「はい」などと偉そうな口調で出す。
> ③教卓の上にポンと置くように、出す。
> ④出す時に、ノートは片手でもっている。

これを1つずつ、教えてほめる。

まずは、全体の中で1つずつ指導する。その上で、上手な出し方をしている子を取り上げてほめるのである。

> 鈴木さんは、ノートを先生の方に向けて出せました。立派です。
> 佐藤さんは、両手でもって出せましたね。
> 伊藤さんは、「お願いします」が言えました。

これで、全体の9割ができるようになる。注意ではなくほめるからこそ、集団は変化していく。

その上で、個に対応する。

発達障がいの子への指導の基本は、

体感させてから理解させる。


ことである。

この順番が逆になっている教師がほとんどである。体感しないと、イメージがわかないのだ。逆に言えば、体感すればイメージがわくということである。

私は、次のようにする。


山本君、先生役でそっちに座ってごらん。先生がノートの出し方、やってみるよ。（偉そうに、片手でもって）「はい、先生、ノート！」


このようにやると、たいていの子は「ダメだよ」と笑い出す。

今度は正しいやり方でやってみる。体感させて、比較するとよくわかるのだ。

こうやって、1つ1つを体感させた上で教えていく。

その後で、その子にもやらせてみる。もろん、1回で上手くいくとは限らない。

だから、今度は、ほめながら正しいやり方を体感させていく。

こうすれば、どんな子でもできるようになっていく。正しいやり方の方が、子どもも心地良いのだ。

これは、教師自身が自分でやってみればよくわかる。

例えば、片手でノートを出しながら「お願いします」と言ってみる。これは、かなり違和感があるだろう。

次に、両手でノートを出しながら「お願いします」と言ってみる。

比べてみると、どちらが心地良い状態かはっきりしている。

逆に、両手で出しながら「はい！」と偉そうにだすのは難しい。

つまり、行動は、言葉と密接な関係があることが体感できるのだ。

そして、行動が変われば、思考や感情も変わっていくのである。

2　言葉で行動を変える

行動と言葉が密接な関係にあることがわかった。

だから、今度は逆の方向からの取り組みを行った。

ある子は、気に入らないことがあると、すぐにキレてしまっていた。そして、「どうせ無理だ」が口癖だった。

その子自身も、そのことを何とかしたいと思っている。しかし、どうにもならない。

そこで、自分で変えたい行動を口に出して言葉にしてトレーニングすることにした。

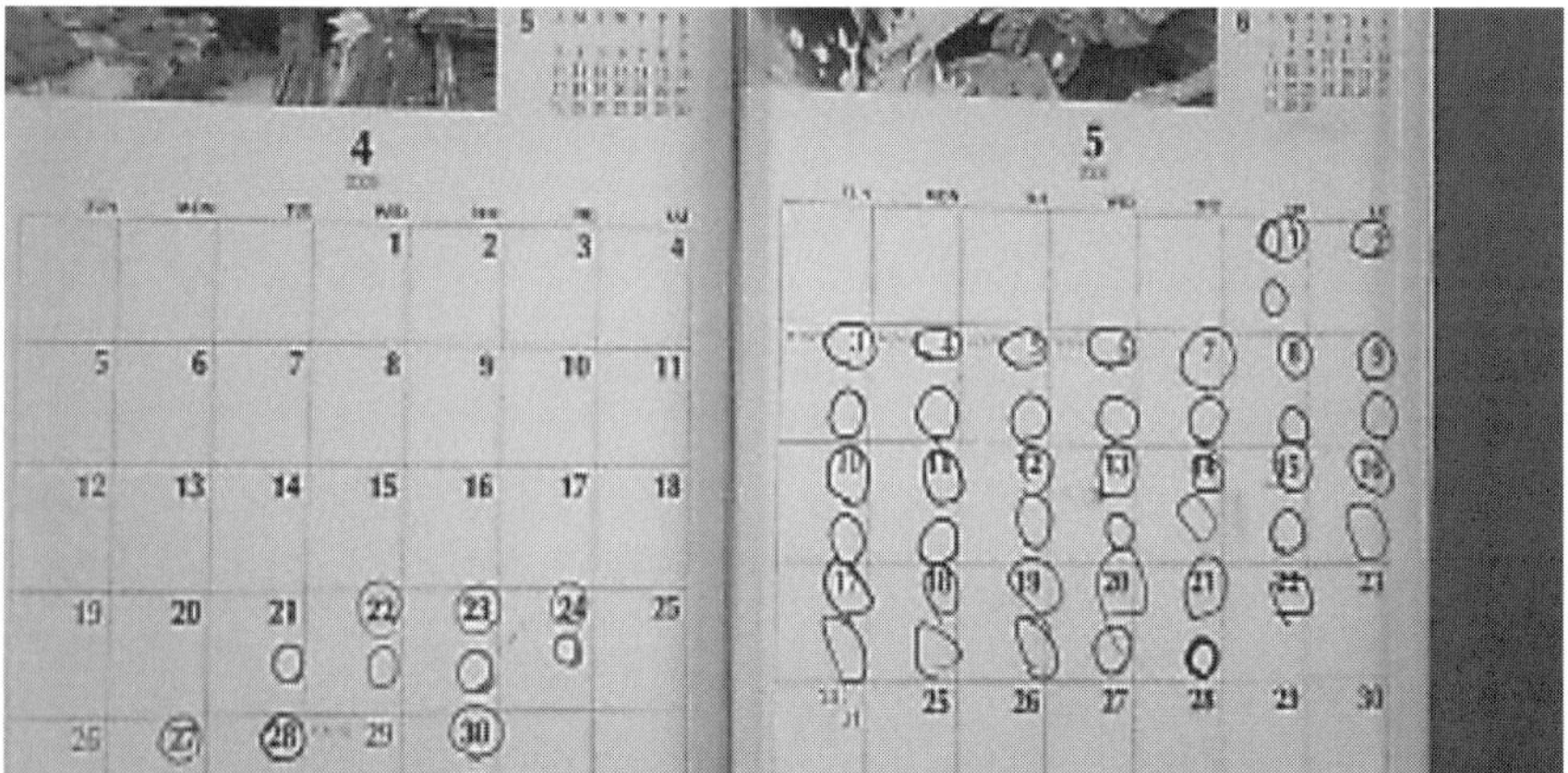

いっしょにトレーニングしたカレンダー

イライラした時、気分を切り替えることを目標にした。

「切り替える」という言葉を10回唱える。

朝と帰りに、毎日、10回ずつ唱えることを続けた。

1回行うと、卓上のカレンダーの日にちに、○を一つつけた。朝と帰りに行うと、丸が2つつくことになる。

1週間、2週間と続けていくと、カレンダーが○だらけになっていった。

このことで、キレなくなるということはなかったが、思考の仕方は変わってきた。

「どうせ無理だ」という言葉は、明らかに減ってきた。そして、キレた後でも学習に取り組めるようになった。

言葉の力が、思考と行動を強化させていったのである。

この取り組みは、1年間が終わる3月末まで続けられた。毎日、朝と帰りに教師のところに来てトレーニングする子どもの姿を見ていると、何とも言えない愛おしい気持ちになった。きっとできるようになるよと励まし続けた。

「子どもがすぐに変化する」そんな魔法のような指導はない。地道に一つ一つ取り組むことこそ必要だ。

しかし、発達障がいの子への指導を見ていると、多くの教師が結果を急ぎすぎているように思えてならない。

考えてもみてほしい。大人はなかなか変われない。それどころか、変わろうと思うのですら難しい。

しかし、子どもはこんなふうに変わろうとしているのだ。なんて子どもはすごいのだと思う。この子の毎日のトレーニングから、私は多くのことを教えられた。

「どんな時でも見放さない」そのことを子どもに伝えるのは、言葉ではなく教師の行為なのだ。

3　体感させることでエラーが解消される

「体感させる」という手法を使うことで多くのエラーが解消される。

例えば、謝り方。これも教師がモデルになって、謝られている方の立場を体感させる。そして、ポイントごとに指導していく。

> **①「ごめんなさい」の言い方。**
> **②姿勢や謝り方。**
> **③謝った後の態度。**

私は、③の「謝った後の態度」まで、指導する。例えば、次の2つが考えられる。

> **①謝ってすぐに許してもらえなかった時。**
> **②謝って許してもらえた時。**

①の場合に、「え〜」という声を発したり逆にキレたりすることがないだろうか。だから、それを想定して、そうなった時にどうなるかを練習しておく。

これも、教師がモデルになってやってみればよくわかる。

ある子は、練習中に、「そんな偉そうにしていて、許すわけないだろう！」と不機嫌になった。自分は、普段そのようにやっていたにもかかわらずである。

当然、「よく気がついた」とほめ、「もう一度謝る」と正しい方法を指導した。そしてその子にもやらせてみた。これなら、その子も理解できた。

②の「謝って許してもらえた時」も体感が必要だ。

謝って許してもらえた直後に、これで終わったとすぐにどこかに行ってしまう。また「あ〜、終わった」などのような声を出す。これらの行動と、許してもらえた後に、「ありがとう」という言葉を言う場合とを比べ体感させるのである。

こうすることで、初めてよくない行動の意味が理解できるのである。

望ましい態度を身につけさせることの意味は大きい。

例えば、ノートの出し方は教えればすぐできる。そして、慣れてしまえば、意識しなくてもできるようになる。

新しい学年になり、新しい担任になった時に、さっと両手でその子がノートを出したらどうなるだろうか。そのことだけで、ほめられるのである。そして、望ましいスタートが切れるのである。体感させてから理解させることが、指導の原則である。

⑤「もし、あの時やめていなかったら……」を想像させる

1　問題を出す

注意されるとすぐにキレる子がいた。自分が悪いのがわかっていても注意自体が受け入れられないのだ。やさしく諭すように話してもダメ。「怒らないよ」と宣言してから話してもダメ。

そして、どうにもならないので、厳しく叱った。すると、教室を飛び出してしまった。廊下にあるものを蹴飛

ばす。掲示物をはがす。落ちているものを手当たり次第に投げまくる。
そして、1時間以上教室に戻ってなかった。これではいけないと、別の方法をとってみた。

問題を出す。

努めて明るくニコニコしながら、この子を呼び、次のように話した。

あのね、先生が問題を出します。もし、わかったら叱られません。（もったいつけるように）なぜ、先生に呼ばれたのでしょうか。

その子は、すぐに「悪いことをしたから」と答えた。すかさず、力強くほめた。

その通り！　自分でわかっていることが素晴らしい。

「自分でわかっているということはその時点で反省し始めているということと同じなんだ」と力強く、そして包み込むように話した。
すると、その子は穏やかに聞いていたのである。今までとは別人のような表情だった。
その上で、「じゃあ謝って終わりにしようか」と穏やかに話すと、その案を受け入れて謝ることができた。
そして、「自分で少しでも悪いなと思ったら謝ることが大切」ということを教えていった。時間がたつと、次のような問題も出した。

（教師のところに呼んだ後で、）先生、何て言うと思いますか？


すると、「何で呼ばれましたか？」と答える。そして、その問いに自分で答えさせる。

このような状態になれば、自然と後は謝ることを選択するようになる。

そのこともまた取り上げてほめる。そうやって次第に自分から反省できるようになっていく。

2 「もしも」の仮定で学ばせる

先ほどのようにトラブルの後、きちんと謝れた時に、「もしも～だったら」という仮定で学ばせることがある。

「謝って解決してよかったね。もし、あの時、そんなのしらねえよって、謝っていなかったらどうなっていたと思いますか」

このように、判断の分岐点にまで戻って、その先を想像させるのである。例えば、次のようなことである。

①相手が怒ったままで帰る。
②家の人にそのことを伝える。
③相手の家の人は怒る。
④学校に電話がある。
⑤自分の家に電話がくる。
⑥家の人に怒られる。
⑦相手の子の家に謝りに行く。

このようなことを一つ一つ確認しながら話していく。

カッとなっている子どもは、先のことまで見通して考える余裕はない。だから、冷静な時にこうやって確認してみないと、想像できないのだ。そして、「謝って良かったこと」を強調する。

さらに、次のように聞く。

こうなることを止められるのは、何番の時かな。

これは、①だとすぐにわかる。

トラブルになったその時はカッとして謝りにくいかもしれない。
しかし、帰るまでには謝れるように頑張ってみよう。

これで、次のトラブルに生かすことができるようになった。

⑥ユーモアのあるやりとりで、クラスの雰囲気を和らげる

1　抜く技術の大切さ

ユーモアのある対応なしに、ＡＤＨＤの子へ指導はできない。

それが、多くの子どもたちと接してきての腹の底からの実感である。

甲本卓司氏は、そのことを「抜く技術」と主張している。

「抜く」というのは、ぴんと張りつめた糸がふっと緩むような感覚である。

ＡＤＨＤの子の行為に、真っ正面から対峙すると、「対決」のような格好になってしまう。

それは、緩みのない緊張した状態である。だから、子どもも引かない。

そうなると、あとは力ずくで指導するしかなくなる。そして、教室には険悪なムードが流れる。多くの教師の指導に見られる光景だ。

それを教師がすっと抜くことによって、相手のこだわりも抜けていく。だから、素直になれる。私は、ユーモアを使って抜くことが多い。

2　どんなユーモアで抜くか？

体育館での終業式が終わって、クラスごとに教室に帰ることになった。

隣のクラスの担任が、「全員立ちましょう」と言った時、片山君がこう言った。

> **俺、絶対に立たんもん。**

担任の先生は、「じゃあ、置いていきます」と言って、教室に進み出した。

このように対応することも、もちろんある。しかし、これでも片山君は、その場を動こうとしなかった。

次は私のクラスの番なので、クラスの子どもたちを立たせた。片山君は、あいかわらず私の横で「立たんもん」と言っている。前年度、私は片山君の担任だった。それもあって私に構ってもらいたいのだ。

このような時、注意するのは簡単だ。しかし、私は、とっさにユーモアで対応した。

そのおかげで、片山君も周りの子たちもニコニコながら、その場を収めることができた。

3 ユーモアで「抜く」

私は、片山君にニヤリと笑って、「座ったままでいいよ」と声をかけた。

そして、クラスの子どもたちにこう言った。

上手にまたいでいきましょう。

そんなことを言われるとは思ってもみなかった片山君は慌てていた。昨年、私が担任だったこともあり、「このままでは本当にそうなる」と思っている。小野先生ならやると思っているのだ。

その後、どうするかな？ と楽しみに見ていると、片山君はなんと、立て膝の状態で出口に向かって進み出した。それも必死である。

そして、「俺、立ってないよ」と私へのアピールも忘れない。意地でも立ちたくないのだ。

そんな片山君が可愛くてしょうがない。

さらに、私はクラスの子どもたちにこう言った。

みんな、スピードアップ！

「え～！」と言いながら、それでも片山君は立とうとしない。

今度は、中腰になって進み出した。必死になってスピードをあげている。そして、出口に来たところでぴょんと立ちがって、ハーハー息をしている。そこで、私に向かってこう言った。

俺、立ってないよ。

私は、「うん、セーフセーフ。ぎりぎりだっな」と笑いながら言った。

片山君は、「うん、危なかった」と満足そうにっていた。それを見ていた周りの子も笑っていた。そして、片山君は、何ごともなかったようにクラスの列に戻っていった。

4 周りの子の目が変わる

もし、私が叱っていたら、片山君はきっとすねていただろう。そして、周りの子も「しようがない子だ」という目で片山君を見ただろう。

「先生の指示に従わない。じゃまをする」片山君の行為は、実際にそうなのだ。

それが、中腰で進んでいる片山君に、周りの子の対応はあたたかかった。

片山君、もう立てばいいのに。無理しない方がいいよ。

こんなふうに言うのだ。

教師の対応を、周りの子は本当によく見ている。

教師が注意ばかりしていると、子どもたちも、その子の良くない点ばかりを指摘するようになる。逆に、教師がユーモアのある対応をすれば、周りの子の感じ方も変わってくる。

片山君は、一年間私の教室で過ごした。その頃子どもたちの中での片山君への評価は、「面白い人」だった。ユーモアのある対応は、その子だけでなく、周りの子も変化させるのである。

第8章

トラブルを乗り越える とっておきの対応【トラブル指導】

①喧嘩両成敗――喧嘩はたった5分で解決する

ＡＤＨＤ、ＡＳＤなどの子が通常学級にいると、どうしてもトラブルが多くなる。

多くの教師が、そのトラブルへの対応で困っていると聞く。

しかし、向山型指導「喧嘩両成敗」で指導すれば、ほぼ１００％の確率で処理できる。

また、それどころか、トラブルがその子の成長にとって非常に良い機会にもなる。

向山型指導「喧嘩両成敗」が、なぜ、特別支援教育に有効なのだろうか。

1　向山式喧嘩両成敗

向山洋一氏の喧嘩両成敗は、次の手順で行われる。

> ①お互いから、簡単に話を聞く。
> ②「○○君の話は、よ～くわかった」とお互いの話を聞いて力強く認める。
> ③喧嘩はいかなる時でも、両成敗であることを伝える。
> ④「ハー」と自分のこぶしに息を吹きかけて、子どもの手の甲に、こぶしのかわりに指をチョンとおく。
> ⑤その後で、「最初に手を出した方はよくない」と簡単な理由を言って、先に手を出した子の手の甲にもうひとつチョンとする。

ためしてみた方はわかるだろうが、この方法で行うと、体から怒りがスーッと抜けていくように子どもたちの様子が穏やかになっていく。このスーッと抜けていくというところが、特別支援教育に有効な理由である。

2　喧嘩両成敗は「しこり」を取り除く

喧嘩やトラブルの指導が難しいのは、「お互いが心の底から納得するのが難しい」からである。

特に、特別支援を要する子は、こだわりをもつ子が多い。だから、納得させることは、きわめて困難になってくる。そのこだわりの部分を、私は「しこり」と呼んでいる。

この「しこり」が解消されなければ、特別支援を要する子の多くは、何をやっても納得をしないのである。

この「しこり」を取り除くという視点で喧嘩両成敗を見ると、驚くほど効果的な組み立てであることがわかる。

3　話を簡単に聞くということ

喧嘩をしたら、「よくお互いの話を聞く」という人がいるが、それは逆効果である。

特別支援を要する子が話しているうちに、だんだんと興奮していく姿を見たことがあるだろう。

自分の言葉に興奮しているのである。言っているうちに、忘れていたことや、前のこと（以前のトラブルで、しこりがとれていないこと）まで思い出し、余計に興奮しているのである。

また、相手の話でつじつまがあわないところがあれば、そこを必ずと言っていいほど指摘する。

これは、新たなしこりが生まれたことになる。

だから、話は絶対に長く詳しく聞いてはいけない。事実を確認する程度に、簡単に聞くようにするのである。

この時、大切なことが1つある。

片方が話している間は、絶対にもう一方に口を挟ませない。

これを守らせないと、話しているそばから、「そんなこと言ってない」などと相手を攻撃し、さらに興奮状態になっていく。

「口を挟ませない」ことで、その場を教師がコントロールしている状態を作ることができる。「話し合いの主導権を握る」ということも、大きなポイントになってくる。

4 「鈴木君の話はよくわかった」

お互いから話を聞く時、教師は、「鈴木君の話は、よ～くわかった」と力強く認める。

この部分が凄い。決して、「鈴木君の話した内容」を認めたわけではない。「話したこと」がわかったと言っているのである。だから、相手も納得する。

そして、特別支援を要する子への対応で大切なのは、力強く受け入れられたという体験をさせることである。そのことで、納得するための土壌ができたことになる。

この段階ですでに、だいたい50％程度はしこりがとれている。このように、ある程度しこりがとれた状態になってから、反省させる指導に入るから成功するのである。

ここまででも、この指導法の凄さがよくわかるはずだ。しかし、凄さはそれだけにとどまらない。

何度も喧嘩両成敗を続けていくうちに、しこりのとれる割合がどんどん上昇していく。

この指導を続けていくと、最終的にはもう話を聞いただけでほぼしこりがとれた状態になっていく。特に、低学年や中学年ごろまでは効果が驚くほど高い。例えば。こんな感じになる。

教師「山田君、田中君いらっしゃい」
子ども（教師のところにきてすぐに）「ぼくから謝ります」「ぼくも謝ります」

呼ばれて教師の前に来るまでに、すでに自分の良くなかったことを反省し、それを謝ろうというモードになっているのだ。

通常の指導では決してこのような姿は生まれない。しかし、向山式喧嘩両成敗を続けていくと、多くのケースでこうなっていく。

話の聞き方だけでも、向山型指導法の凄さがわかるだろう。

このような状態になっているからこそ、次の③が効果的になってくるのである。

5　手の甲にチョンの効果

③までで、ほとんどのしこりが取り除かれた。それが、④で完全に取り除かれる。

「こぶしにハーっと息をかけ、手の甲にちょんと置く」これが、喧嘩の裁きである。

これをされた子は、最初はきょとんとした表情になる。

今までの経験から考えると、この後は、お説教か長いお話となるのが普通である。それが、あっさりとチョンでおしまいである。

今まで肩をいからせて怒っていた子も、拍子抜けしたようにニコニコしはじめる。

喧嘩の処理は長引けば長引くほど、しこりが助長していく。また、新たなしこりも生まれてくる。それをあっさりと終わりにすることで、そのしこりを切ってあげているのだ。

このしこりを切るタイミングが凄い。「よ～し、わかった」と言われて、怒りがおさまりかけているところに、たたみかけるように行う。だから、素直に納得できる。この順序が大切である。

そして、もう一つ④で大きなポイントがある。それは、

両方を裁いていること。

である。これが、自分だけにされたとなると、いくらチョンでもしこりは元に戻ってしまう。

教師が、どちらが悪いと判断することなく両方を裁いているからこそ、しこりが消え、その裁きに納得するのである。

さらに、このチョンは、相手方への配慮にもなっている。

トラブルになった時、発達障がいの児童に原因の多くがあることは珍しくない。

そんな時に、喧嘩両成敗だからといって、同じようにきつく叱ったらどうであろうか。

今度は、相手側にしこりが作られてしまうことになる。

しかし、チョンであれば、相手の子も納得できる。まさに、絶妙な対応である。

6　しこりを残さないもう一歩の詰め

向山氏は、喧嘩は両成敗であると述べながらも、裁いた後にもう一歩の詰めを行っている。

「最初に手を出した方はよくない」と、もうひとつチョンを加えるのである。このチョンには、発達障がいの児童も納得する。

この時、具体的な行為を簡潔に説明しているのを見逃してはならない。これは、穏やかになった時に、適切な行為を指導していることになる。

また、このもう一歩の詰めは、相手側への配慮でもある。

喧嘩両成敗とはいえ、最初に手を出した児童に対し、相手のしこりは消えたとは限らない。

しかも、何度も何度も同じことを繰り返す場合が多い。

それでは、④のチョンだけでは、しこりは取り除けないことがある。これが、積み重なっていくと、最初に手を出した子に対する周りの態度は攻撃的になっていく。

これが、もう一つチョンとすることによって、相手側のしこりを取り除くことができるのである。

ほんのちょっとした詰めが、大きな大きな意味をもっている。

向山式喧嘩両成敗は、スモールステップで、発達障がい児のしこりを取り除いていく。

そして、同時に相手側のしこりを取り除いていくことができる。

特別支援教育の大きな問題であるトラブル処理に真正面から対応できる、効果的な指導である。

②その子のこだわりを解消すれば、トラブルは解決する

1　ここまで固執する子がいる

「しこり」をとることが、トラブル指導の原則であることは述べた。では、固執するとはどういうことなのか。

吉田君の事例を紹介しよう。

トラブルの原因は、給食当番の仕事のことだった。

その日、吉田君は、放送委員会の当番。だから、自分が担当の給食当番ができない。

そういう時には、他の子が手伝う体制になっている。しかし、吉田君と同じ仕事になっている佐々木さんには、どうしても負担がかかる。

佐々木さんは当然、吉田君の分まで仕事をすることになる。

「当番、ごめんね」と一言言えば、佐々木さんも納得するだろうが、吉田君にそのスキルはない。「俺、放送」と自慢するかのように教室を飛び出す。佐々木さんがいい気分のわけがない。

そして、事件は片付けの時に起こった。食器の返却に行く時間、吉田君は連絡帳を書いていた。

佐々木さんが、吉田君に言う。「ちょっと、持っていってよ。これ」

担当である「小おかず」の入っていたボウルは空なので、2つ重ねられている。

吉田君が言う。「この間、ジャンケンて言ったじゃないか」

佐々木さんが言い返す。「そんな、今日は私が一人でしたのよ」

吉田君「俺は放送だったんだ！」

佐々木さん「だけど、帰りぐらい持っていってくれてもいいでしょ！」

こうして、喧嘩が始まった。

普通なら、「吉田君が悪い」となるだろうが、そんなこと言っても解決にはならない。吉田君を納得させるには、こだわっている「しこり」を取り除かなければならない。正しいことを教えるのは、その後なのだ。

では、吉田君がこだわったのは、何なのだろうか？　それは、事例の中に出てくる。考えていただきたい。

吉田君がずっとこだわっていたのは、ある一つのことだった。

「ぼくに2つとも（ボウルを）持っていけと言った。なぜ2つとも持っていかないといけないのか」

それが、どうしても許せないと言う。「では、1つだったら持っていっていた?」と聞くと、「うん」と頷く。固執するとは、こういうことを言うのだ。

その後、2人を呼んで、向山式喧嘩両成敗。しこりを取り除くと、あっという間に素直になった。

その後、どうすればいいかを話し合った。それからは、このことでトラブルが起こることはなくなった。

「しこり」を取り除くことが、トラブル指導での教師の仕事なのである。

③トラブルがこじれる──やってはいけないNG指導

1 トラブルはなくならない

反抗挑戦性障がいを引き起こし、いつも教室を飛び出していた香川君も、TOSSの指導で、周りの子と同じように学習に取り組めるようになった。

そんな香川君だが、トラブルはなくならない。トラブルは、あるものだと思っていた方がよい。

トラブルは、担任教師がうまくコントロールすれば、社会性を身につける大事な学習の場となる。逆に、コントロールできなければ、さらなる反抗へとつながっていく。いつもいつも上手く行かないと、反抗挑戦性障がいを引き起こすこともある。

トラブルは、授業以外の場面で起こることが多い。たいてい、休み時間、給食、掃除時間などに起こる。これらの時間は全て、人と自由に交わる時間である。だから、前もって教師がトラブルを予測し、トラブルが起こりにくいようなシステムを作っておくことが必要である。

このトラブルをどうするかが、発達障がいの子を指導する際の大きなポイントとなる。

2　トラブル指導の誤りで起こった最大の事件

事件が起こったその日は、午前中まで何事もなく過ごした。機嫌よく掃除場所に向かった。ところが、そこで、この年一番の事件が起こることとなる。その時の様子はこうであった。

雑巾を洗ったあと、香川君はそれを振り回していた。廊下で掃除をしている他の子の目の前には、水滴がポトポトと。注意してもやめない。ごめんごめんと言いながら、また、同じことの繰り返し。

これでは、他の子はだまっていない。何でそんなことをするんだと怒った。

そこで、その掃除場所担当の教師が香川君を指導した。

「ちゃんと、拭きなさい」ここまでは良かった。しかし、この後の指導がまずかった。

こういう時には、一緒に片付けてやればいい。それなら素直に従う。

ところが、「自分で片付ける？　友達に手伝ってもらう？」と聞いてしまった。これが、まずかった。教師が一度言ったことは、責任を持たないといけない。

香川君は、「友達と一緒に片付ける」と言う。しかし、香川君に腹を立てている友達が許すわけがない。「手伝って！」と言うと、「何でしないといけないの」「そんなん自業自得だ、自分でやれ」と返ってきた。これで、もうダメだった。

香川君にとっては、教師のお墨付きをもらっていること。「先生が言ったんだから」とこの一点に固執する。絶対にゆずらない。こうなったら、怒ってもお説教しても効果はない。

それでも、この教師は続けた。「まだ、掃除の途中。このままではダメ。きれいにしないと許しません」

香川君は、うつむいて何も言わない。表情はかなり険しい。

ここで、この教師は次のような指導を行ったそうだ。

①香川君の悪いことを順々にわかりやすく挙げていった。（追いつめているだけ。）
②自分でしたんだから、自分で掃除しなきゃダメ。（最初の約束と違う。）
③少し、きつい口調で言ったかもしれない。（かなり強い口調で言ったと思われる。）

お説教は全く効果がなく、そのままチャイムがなった。授業に行くよう促すと、香川君は目がつりあがった状態のまま、その場を離れた。

香川君の様子に驚いたその教師は、私のところにインターホンをかけてきた。「去年みたいに、学校を飛び出すかもしれない」と、その声は震えていた。

3　喧嘩両成敗だから、心のしこりがとれる

5校時は家庭科だった。専科の先生が担当する。香川君は、去年のように学校を飛び出すこともなく、家庭科室へ向かっていた。ただ、とても授業に参加できる状態ではない。関係のある子どもたちを、隣の準備室に呼んだ。

最初は、事のあらすじを香川君に説明させる。途中、あいまいな部分が出てくる。自分でも本当にそうか自信がない。そこで、私の顔をうかがう。

「間違っててもいい。香川君はそう思ったんだろ。思ったことを言えばいい。間違いがあったら、後でみんなに直してもらえばいい」

こういうと安心する。そして、自分が受容されているので、この時点でかなり落ちついてくる。

他の子にも、つけたしや言い分を簡単に聞く。

次に、両方に、自分がしたことで悪いことを全部あげてもらう。必ず、自分の口で言わせる。そして、

「悪いことだけ」を真剣に謝らせる。

これが、もっとも重要なポイントである。

日本語には、謝る時の言葉は「ごめんなさい」の一種類しかない。これが指導のポイントとなる。だから、ただ、「ごめんなさい」と謝るのでは、全部を謝ることになる。自分が悪いと思っていないこともあるはずだ。だから、その中間の「悪いことだけ謝る」ということを教える。その部分だけを謝ればいい。だから、お互いに納得する。

香川君は、一つのことにものすごく固執する。仲直りするということは、その固執した「しこり」の部分をとってやるということだ。それを取り除けば、トラブルは解決する。

実際に、香川君はすぐに顔の険しさがとれ、にこやかな表情となった。

障がいの特性・解決の方法を知っていれば、トラブルも、発達障がいの子にとって大切な学習の場となる。

しかし、それを知らない教師は、逆にトラブルを助長する。それが、教師自身の責任であること、子どもたちを傷つけていることに気づいていない。知らないということは、こんなにも恐ろしいことなのである。

④教師は子どもの鏡――トラブルの指導のその後が大切

1　子どもの姿は教師の姿

教師は、子どもにとって鏡（ミラー）の存在である。教師の態度によって、子どもの態度も変わっていくのである。ミラーニューロン（共感細胞、別名モノマネ細胞）の発見で、そのことが脳科学的にも証明されてきた。

このことを、もっと教育界は意識していかなければならない。

例えば、子どもたちの表情がどことなく暗いクラスがある。そのクラスは、間違いなく教師の表情が暗い。逆に、子どもたちの表情が明るいクラスがある。同じことを話しても、先ほどのクラスと比べてよく笑う。このクラスの教師は、間違いなく明るい表情で子どもと接している。さらに、教師自身がよく笑っているはずである。だから、次の意見はおかしい。

うちのクラスの子どもたちは、暗くて元気がない。

暗いのも元気がないのも、それは教師の責任である。

もともとの性格はあったとしても、子どもたちは環境で変わってくる。

そのことを自分自身で、メタ認知していないから、子どものせいにしてしまうのである。

かつて、担当したＡＳＤの女の子がいた。その子は、周りの友達から敬遠されていた。理由は、明らかであった。

すぐに友達の失敗や、よくないことを指摘する。

例えば、「廊下を走っちゃいけない」とか、「落書きしちゃダメだろう」などと、人のよくない行動を指摘する。しかも、口調がきついのである。

学校のルールとしては正しいのだが、相手がどう思うかなどとは考えられない。これが、障がいの特性である。

ここで、大切なのは「ルールの指導だけではなくマナーの指導」を行うことなのだが、これが説明してもなかなか伝わらなかった。その原因もはっきりしていた。

周りの教師が、注意ばかりしていた。

教師が感情的に「廊下を走るな！」「うるさい！」「ちゃんと並べ！」などと怒鳴っているのだから、それを模倣するように、当たり前のこととしてその子もやっていたのである。

だから、その子を担任して、私がやったことはモデルを示すことであった。

廊下を走っている子がいたとする。私は、「危ないから歩きなさい」と、穏やかに注意するようにした。

ノートに落書きをしている子がいる。私は、その子のノートをトントンと指さして、「消しなさい」と穏やかに言った。また、廊下を走ったり、教室で騒いだりして、明らかに周りに迷惑をかけている子がいたら、呼んで次のように指導した。

何がいけないのかわかりますか？　そのことで、周りがどういう迷惑を受けているのかわかりますか？

このように理由を聞いて、すぐに謝らせる。これで終わり。くどくどやらない。

もちろん大声など出さない。穏やかに話して終わりである。こうやって、教師がモデルを示していくのである。

2　周りの子をモデルにする

教師がモデルを示すことで、教室の中に変化が表れる。子どもたちの、友達への注意の仕方が変わってくるのだ。例えば、給食当番の時、おしゃべりをしている子がいる。その子に対して、今までは「遊ぶな。ちゃんとやれ！」と言っていたのが、「○○君、遅れるから当番やろうよ」と話す子が出てくる。

この様子を見逃さずに取り上げる。

井上君は、上田君が給食当番をせずに遊んでいた時に、「上田君、遅れるから当番やろうよ」と言いました。これは、とっても立派な態度でした。なぜ、立派なのか周りの人と話し合いなさい。

このことを給食の後や、帰りの時間などに取り上げて、近くの子同士で話し合わせる。

そうすると、言い方の違いに気づく。さらに、同じ場面でよくない言い方も考えさせる。

当然、「遊ぶな！　ちゃんとやれ！」などのようなきつい言葉が出される。そこで、その違いについて話をする。

①悪いのは上田君である。
②それに対して、きつく注意する方法もあるし、穏やかに言う方法もある。
③言われた方は、どちらが自分の行動を直そうと思うか。

目的は、上田君に給食当番をやってもらいたいということで変わらない。

しかし、目的を達成するための方法はいくつもあることを教える。

さらに、どちらが目的を達成するために適しているのかまで考えさせる。

これなら、発達障がいの子も理解できた。さらに、すぐに態度を改めた上田君のこともほめる。

悪いことをしていたとしても、自分でそのことに気づいたら、すぐに直そうとする。

これが、発達障がいの子が集団の中で生活していく時に、必要なことである。そのモデルを示しているのである。

だから、このような場面の指導は、個人に教えるだけではなく、全員で考える場を設けた方が効果は高い。

なぜなら、その子とともに周りの子もモデルを学ぶからである。

障がいのある子、その周りの子のそれぞれが変化していくから、相乗効果となって望ましい行動モデルが定着していく。そのためには、当然、教師自身がそのような対応をしていく必要があるのはいうまでもない。

私が担当したＡＳＤの女の子は、みるみるうちに穏やかな表情になっていった。

教師や周りが変われば、その子も変わる。もっとも変わらないのは、子どもではなく教師の方なのである。

3 笑顔の練習をしたことがあるか

かつて、反抗挑戦性障がいの男の子を担当したことがある。気に入らないことがあると、暴言をはく。さらに、物や人にあたる。そうなると、目がつり上がり、何の指導も入らなくなる。そのような状態でも、やはり教師はモデルなのである。

私が一番印象に残ったのは、暴れているその子の姿ではなかった。そうではなく、

その周りにいる子が私を見ている視線だった。

クラスの統率者である私が、「どうしよう」と不安な表情を見せれば、それが周りの子に伝播していく。「こんなことしやがって」と、迷惑そうな表情をすれば、それが周りに伝播していくのである。

そんな時こそ、教師はどっしりと構え、ゆったりとした表情がキープできなくてはいけないことを痛烈に感じた。

だから、私は笑顔の練習を始めた。毎日、教室に上がる前に、トイレの鏡で自分の表情を確認する。

毎日トラブルが起こる教室に行くのは、やはり嫌だった。だから、朝はいつも顔がこわばっていた。

笑おうと思ってもなかなか笑えない。そこで、柔らかい表情ができるまで、何度でも練習した。そして、その笑顔ができた状態をキープして、教室に向かった。

トラブルが起こった後も、必ず笑顔の確認にトイレに向かった。自分では、笑顔でいるつもりでも、鏡に映った自分の顔はひきつっていた。そこでも、自然な笑顔になるまで、教室には戻らなかった。

トラブルを起こして、カッカしている子がやっと教室に戻った時、教師の表情が前のトラブルを引きずって

いるようでは、それが子どもに再び伝播してしまう。「もう終わったことだよ」というメッセージを表情と態度で示す必要があったのである。

笑顔の練習を私は1年間毎日続けた。練習の積み重ねで、かなり自分の表情をコントロールできるようになった。

教師は子どものモデルである。読者のみなさんは、笑顔の練習をどれぐらいしたことがあるだろうか。

4 いろんな人がいていい

世の中には、いろんな人がいるからね。

これが、私が担任になってからの口癖だった。

かつて担任した田中君は人と合わせるのが苦手で、人と違ったことをやりたがる。

しかし、それが許せない真面目な女の子がいる。そういう子に限って、間違いを指摘する。そうなると、もうトラブル発生である。それを私が間に入って、ユーモアに変えるようにした。

「中山さん、世の中本当にいろんな人がいるよね。こんなこと考えもつかなかったでしょ」

そういうと、中山さんは「うん」と笑いながら頷く。

「田中君の頭の中、のぞいてみたいよなあ」それを聞いた中山さんも田中君も、ニコニコしている。何だかうれしそうである。こう言いながら、実は私自身も楽しんでいる。

このような私の姿を見ていると、周りの子の田中君への攻撃的な雰囲気が次第に和らいでいく。そして、にぎやかな田中君はクラスの人気者になった。学級委員にもなった。

教師の対応が変われば、ここまで子どもは変わる。教師の対応を子どもたちは、いつもよく見ているのである。

⑤トラブル指導の考え方

1　三つのことを混同すると指導できない

A　頭で正しいことだと理解する。
B　正しいことを取り組もうと思う。
C　正しい行動をとる。

このことは大きく違うということを教師が理解していないと、発達障がいの子への指導は、間違った方向へと進んでしまうことになる。

例えば、次の対応は何が問題なのだろうか。

発達障がいの子が、友達とトラブルを起こした。原因の多くは、発達障がいの子にある。だから、教師はその子を指導し、最後に、「もう、絶対にしません」と子どもに約束をさせた。

これでは、発達障がいの子がクラスの中で友達関係を築いていくことは難しい。なぜなら、「絶対にしない」ということはまず不可能だからだ。多くの場合、やってはいけないと思っていても、つい繰り返してしまう。

特に、衝動性がある子は、自分の意思とは無関係に、行動を起こしてしまうことがある。

その子が、ちょっかいを出している時に、「こらっ！」と怒ったら、「あっ！」というような表情をすることがないだろうか。それは、まさに「その時に気づいた」という証拠なのである。

これが障がいの特性なのだから、それを理解しないで、行動のみを叱責していては大変なことになってしまう。

その子の成長につながらないどころか、悪影響を与えているのと同じなのである。

「絶対にしません」という約束は、必ず破られる。

では、約束が破られた後、この子や周りの状態はどうなっていくのだろうか。

まず、約束を破ったことを教師は叱るだろう。そのことについては、100％その子が悪い。

しかし、これが大きな問題の火種となっていく。周りの子は、「約束を破った」のだから、「今回の悪いこと」＋「約束を破ったこと」の2つに対して、怒りをもつようになる。

教師が作った約束というのは、いわば公的な存在である。だから、正義を振りかざして、その子を否定するようになる。これが、やっかいなのだ。さらに、約束なのだから、事は前回のトラブルにまで影響する。

前の時もそうだった。約束したのに守らないのは、反省していない証拠だ。

子どもたちの思考は、このようになる。つまり、「前回」＋「今回」＋「約束」という3つのことが重なるのである。しかも、これに教師のお墨付きが加わる。

子どもの世界は、ある意味残酷である。正義と悪とがはっきりしている場合、とことん相手を「どうせダメだ」と追い詰めてしまうのである。

2　三つの理解で分けて考える

この約束の事例の場合は、三つの理解で分けて考えた場合、どこが問題なのだろうか。

A　頭で正しいことだと理解する。

この子は、約束を破った。しかし、したことは良くないことだと理解している。よって、Aはできている。

B　正しいことを取り組もうと思う。

これも、正しいことを取り組もうと思っていたはずだ。なぜなら、前回約束をしているのだから。

では、どこが問題だったのか。

C　正しい行動をとる。

この行動の部分である。問題は、ここだけなのである。よくないと思い、やめようと思っていたけど、やってしまった。しかも、自分の力では、なかなか止められない。このような場合、一番苦しんでいるのはその子自身なのである。

だから、私たち教師が、そのことを受容し、どうすれば行動が変容していくのかを一緒に考えていく。

例えば、ある子は「イライラしてきて、危ないと思ったら、その場から離れる」という取り組みを行った。

また、ある子は、「興奮してきたら、担任を探す」という取り組みを行った。トラブルがあるたびに、そのことを確認し、少しでもできるようになったことをほめた。少しでもというのは、例えばこのようなことだ。

イライラした時に、どうするのかを少しでも思い出した。

たとえ、手を出してしまったとしても、このことは取り上げてほめるのである。一度や二度言ったぐらいでできるようになるのなら、それは障がいではない。多くの教師が、成果を焦りすぎているように感じてならない。

こちらが受容していくことで、どんなにイライラしていたとしても、落ち着いてからきちんと謝れるようになった。そのことで、周りの子も許すことができるようになっていった。

そして、「どうせダメだ」といった言葉が、だんだんと減っていった。それは、反省して謝れば許してもらえるという見通しがもてたからなのだろう。

A　頭で正しいことだと理解する。
B　正しいことを取り組もうと思う。
C　正しい行動をとる。

これを全部一緒に否定すると、「正しいことを取り組もうという気持ちがなくなっていく」。

これが、セルフエスティームが下がった状態である。セルフエスティームの向上こそが、発達障がいの子にはもっとも必要なのである。

だからこそ、この三つのことを分けて考えなければ、発達障がいの子の指導はできないのである。

3 殴る、蹴るのは、怒った時にどうするかという選択肢がない

広汎性発達障がいの片山君は、怒るとすぐ相手に手が出ていた。

私は喧嘩両成敗でお互いを納得させ、トラブルは解決した。その際、私は片山君に次のように指導していた。

怒った時、相手を殴ってはいけません。絶対に、殴ってはいけないのです。

片山君は、「うん」と頷いた。この時は、これで良いと思っていた。

しかし、次のトラブルの時にも片山君は同じように暴力をふるった。

相手をリコーダーでたたいた。

この時はまだ、この行為の意味がわからず、「この間、注意したのに」と思いながら、「リコーダーでたたいてはいけません」と指導をした。

次のトラブルで、片山君がどのような行動をとったか想像できるだろうか？

片山君がとった行動はこうであった。

相手を蹴った。

この一連の行動を見ていると、片山君の行動パターンがわかってくる。

【行動】　　【指導】
①「殴る」↓『殴ってはいけません。』
②「リコーダーでたたく」↓『リコーダーでたたいてはいけません』
③「蹴る」↓『蹴ってはいけません』

片山君は、①↓②で、確かに殴っていない。②↓③でもそうだ。つまり、片山君の行動パターンはこうだ。

①〜③は、全て怒った時どうするかという片山君の中の選択肢である。

このことをはっきりと理解したのは、次の時だった。
「暴力をふるってはいけません。たたいたり、蹴ったり、何かで殴ったりするのは全部暴力です」という指導の後、片山君がとった行動である。

相手に向かって、つばをはいた。

私は、この時に、一連の片山君の行動の意味が初めてわかった。

片山君には、怒った時どうするのが良いかという望ましい選択肢がなかった。

私の指導は、根本が間違っていたのだ。

4　その時の望ましい選択肢を教え込む

禁止をすれば、別の行動を選択するしかない。しかも、その他の残った選択肢が良いことは、ほとんどない。だから、正しい行動を教え込まなければならない。例えば、次のような指導が考えられる。

①嫌なことがあったら、「嫌だ」「やめて」と言う。
②それでもダメだったら、その場から離れて、違う場所に行く。
③先生がいる時は、先生のところに相談に来る。

禁止だけでなく、このような具体的な行動を示さなくてはいけないのである。しかし、これではまだ不充分である。多くの教師がここで終わっている。これだけでは教えているだけで、教え込んだことにはならない。

教え込むとは、次のような行為まで含む。

①教師のところに相談に来たことを、強く強くほめる。
②相談した今回と、以前の時とどちらが良かったか考えさせる。
③次も相談できるよと励ます。

このようなことを繰り返すことなしに、行動が選択肢の中に定着することはない。

ほめて、望ましい行動を強化する。

このことをいつも忘れてはいけないのである。

5　行動には意味がある

片山君の行動の意味がわかってからは、いろいろなことが見えてきた。

最初の引き継ぎで「すぐに殴る」と聞いていたが、実際にはそうではなかった。殴る前に、片山君は「ん～」と言いながらしばらく固まっていたのだ。蹴る前もそうだった。リコーダーでたたく前もそうだった。その時、片山君は、どうしようかを考えていたのである。決して、反射的に手が出ていたわけではなかった。

片山君の行動には、全て意味があった。行為を禁止し叱責することは、片山君にとっては全く意味のなかったことだった。正しい行動を教え込むことで、片山君の乱暴は驚くほど減っていったのである。

あとがき

私が特別支援教育の道に進むきっかけになったのは、向山洋一氏の論文審査だった。

当時、私は初めて担任したADHDの子への指導に全身全霊で取り組んでいた。ADHDの子にどのように指導していくのか。そのような実践記録は、当時、日本中のどこを探してもなかった。まさに手探り状態だったのだ。だから、自分の指導がいいのかどうかを向山氏に見てもらいたい、その一心で、論文審査に立候補した。

それが、『ADHDの子に効果がある方法　効果がない方法』という論文だった。

私がその子に行った指導や、以前その子に行われていた指導で、「効果があったこと」「効果がなかったこと」に分けてまとめたものだった。

その論文を向山氏に『特A』と評価していただいた。向山氏の論文審査を受けたことがある人はわかるが、足は震え、自分の書いた文章が読めないぐらいに緊張で頭が真っ白になる。そして、ほとんどがC。少し良くてもBといった具合に、厳しいが上にも厳しく行われる。

その時の私もそうだった。足は震え、声が出ない。論文の内容にはもちろん自信などない。

しかし、自分が恥をかくのは不思議と怖くなかった。なぜなら、目の前の子にいる子どもをどうしていくのかということだけが私の意識にあったからだ。

向山氏からは、「これこそが教師の仕事です」という過分な言葉までいただいた。その論文審査のマイクの前で、私は自分の進むべき方向をはっきりと自覚した。そして、決して後戻りしないことを心に決めた。

そして、私は特別支援教育の道に進んでいくことになる。

私は教師なので、現場の実践にこだわった。その指導のバックボーンとなったのは、次の三つだった。

1　向山洋一氏の実践
2　医学、脳科学の知見
3　子どもの事実と腹の底からの実感

向山洋一氏の実践を追試すると、発達障がいの子が驚くほど変化した。そこから、その指導の原理を抽出し、目の前の子どもに応用していった。私の実践はほとんどがこのような形で生み出されている。

さらに、医学、脳科学の知見を学び続けた。そうすることで、目の前の子どもの行動が、論理づけて説明できるようになった。なかでも10年以上学び続けている平山諭氏からは、指導の中核になる示唆を何度もいただいた。

平山氏の提唱する「ドーパミン5」「セロトニン5」「ノルアドレナリン5」を学ぶことなしには、向山氏の実践から原理を抽出することはできなかったと思っている。

また、その上で、自分の目の前で起こる子どもの事実と、腹の底からの手応えを大事にした。いくら偉い人から言われても、そちらを優先した。これも向山氏の教えである。

そうして、私の実践は生まれていった。

本書を執筆するにあたり、論文審査を受けセミナーの懇親会の席で、向山氏から言われた次の言葉を思い出した。

「小野先生、この論文を本にするんですよ。それが先生の仕事ですよ」

それは、この実践を広げることで、多くの子ども、保護者、教師が救われる。そういう仕事をしていきなさいという意味だと解釈した。

しかし、ずっとその約束が果たせないままだった。テーマがテーマであり、教室の事実であることから、なかなか執筆には踏み出せずにいた。

その私の背中を押してくれたのは、学芸みらい社の青木社長だった。依頼を受けてから、何度も何度も叱咤激励をいただいた。何度も頓挫しそうになった私をいつも励ましていただいた。この本を出すことで、多くの教師、子ども、保護者の役にたつ。その言葉に励まされ続け、完成にこぎつけることができた。

また、いつも具体的に指導してくださる向山洋一先生、師匠である甲本卓司先生、多くの方の指導によってこの本を完成させることができた。この場を借りて深く深く感謝申し上げます。

小野隆行

2014年12月

著者略歴

小野隆行（おの　たかゆき）

1972年9月兵庫県生まれ。香川大学教育学部卒業後、岡山県蒜山教育事務組合立八束小学校に着任、岡山市立南方小学校等を経て現在岡山市立芥子山小学校に勤務。新卒で、向山洋一氏の実践に出会い、授業を追試することで目の前の子どもたちがみるみる変わることを実感する。その時から、すぐれた実践を追試する日々が続く。27歳で師匠である甲本卓司氏に出会う。自分との圧倒的な子どもの事実の差に衝撃を受け指導を願い出る。甲本氏を代表とするTOSS岡山サークルMAKの立ち上げに関わり、以来サークル活動を継続し、現在は、TOSS岡山代表も務めている。20代で発達障がいの子と出会い、自分の指導を根本的に見直す必要に迫られ、そこから、多くのドクター・専門家と共同研究を進め、医学的・脳科学的な裏付けをもとにした指導を行うようになる。同時に、毎年学校で一番指導困難な児童の指導にあたるようになる。発達障がいの子を集団の中でどのように指導していくか。さらに学級全体をどのように組織していくかを研究テーマにした実践を10年以上続けている。現在は、特別支援学級の担任を務める。また、特別支援教育コーディネーターとして校内の組織作り・研修体制などにもかかわり、毎年20近くの校内研修・公開講座で講演、NPO主催のセミナーでも多数講師を務め、指導的役割を担っている。

トラブルをドラマに変《か》えてゆく教師《きょうし》の仕事術《しごとじゅつ》
発達障《はったつしょう》がいの子《こ》がいるから
素晴《すば》らしいクラスができる！

2015年1月10日　初版発行

著　者　小野隆行
発行者　青木誠一郎
発行所　株式会社 学芸みらい社
〒162-0833 東京都新宿区箪笥町43番 新神楽坂ビル
電話番号 03-5227-1266
http://www.gakugeimirai.com/
E-mail : info@gakugeimirai.com
印刷所・製本所　藤原印刷株式会社
ブックデザイン　荒木香樹

落丁・乱丁本は弊社宛お送りください。送料弊社負担でお取り替えいたします。

ISBN978-4-905374-46-6 C3037